25 ANOS
autêntica

LEITURA LITERÁRIA VOL.2

autêntica

Gonçalves Dias
Primeiros cantos

Estabelecimento do texto, vocabulário,
notas, estudos e comentários por
LETÍCIA MALARD

2ª edição revista
1ª reimpressão

Copyright © 1998 Letícia Malard
Copyright desta edição © 1998 Autêntica Editora

Todos os direitos reservados pela Autêntica Editora Ltda. Nenhuma parte desta publicação poderá ser reproduzida, seja por meios mecânicos, eletrônicos, seja via cópia xerográfica, sem autorização prévia da Editora.

EDITORAS RESPONSÁVEIS
Rejane Dias
Cecília Martins

REVISÃO
Rosa Maria Drumond Costa
Lorrany Silva

CAPA
Mirella Spinelli

DIAGRAMAÇÃO
Waldênia Alvarenga

Dados Internacionais de Catalogação na Publicação (CIP)
(Câmara Brasileira do Livro, SP, Brasil)

Malard, Letícia
  Gonçalves Dias : primeiros cantos / Letícia Malard. -- 2. ed. ; 1. reimp. -- Belo Horizonte : Autêntica, 2023. -- (Leitura literária ; 2)

ISBN 978-85-86583-12-4

1. Poesia brasileira I. Título II. Série.

23-151447   CDD-B869.1

Índice para catálogo sistemático:
1. Poesia : Literatura brasileira B869.1

Aline Graziele Benitez - Bibliotecária - CRB-1/3129

Belo Horizonte
Rua Carlos Turner, 420
Silveira . 31140-520
Belo Horizonte . MG
Tel.: (55 31) 3465 4500

São Paulo
Av. Paulista, 2.073, Conjunto Nacional,
Horsa I . Sala 309 . Bela Vista
01311-940 São Paulo . SP
Tel.: (55 11) 3034 4468

www.grupoautentica.com.br
SAC: atendimentoleitor@grupoautentica.com.br

Nota prévia 7
O poeta de muitas amadas, muitas viagens,
muitas doenças e, sobretudo, de muitos cantos 9
Os cantos e outros escritos 11
Um romantismo muito romântico 13
Os poemas 19

PRIMEIROS CANTOS
Prólogo da primeira edição 23

POESIAS AMERICANAS 25
Canção do exílio 25
O canto do Guerreiro 27
O canto do Piaga 30
O canto do índio 34
Caxias 36
Deprecação 37
O soldado espanhol 39

POESIAS DIVERSAS 53
A leviana 53
A minha Musa 55
Desejo 59
Seus olhos 59
Inocência 62
Pedido 63
O desengano 64
Minha vida e meus amores 65
Recordação 68
Tristeza 70

O Trovador 72

Amor! Delírio — engano 76

Delírio 80

Epicédio 82

Sofrimento 84

Visões 85

O vate 99

À morte prematura... 101

A mendiga 104

A escrava 109

Ao Dr. João Duarte Lisboa Serra 112

O desterro de um pobre velho 115

O orgulhoso 119

O cometa 120

O oiro 122

A um menino 123

O pirata 126

A vila maldita, cidade de Deus 130

Quadras da minha vida 137

HINOS 147

O mar 147

Ideia de Deus 150

O romper d'alva 154

A tarde 157

O templo 161

Te Deum 164

Adeus 166

Exercícios 169

Obras consultadas 172

Nota prévia

Um dos objetivos deste livro é levar ao leitor o primeiro conjunto de poemas publicado por Gonçalves Dias — *Primeiros cantos*. Dele foram feitas pouquíssimas edições, apesar de tanto o escritor quanto a obra serem significativos para o período romântico no Brasil. Poesia de leitura difícil na atualidade — sobretudo pelo vocabulário e pelas inversões sintáticas — nem por isso deixa de ser importante para a cultura e para a literatura nacional.

O vocabulário e as explicações que apresentamos para cada poema foram elaborados de acordo com o contexto semântico, baseando-se nos conceituados dicionários a que tivemos acesso. Mesmo assim, não significa que nossas escolhas tenham sido sempre as mais acertadas. O fundamental nesse tipo de trabalho é a objetividade e a maior coerência possível. Isso foi o que procuramos manter.

A fim de facilitar a localização rápida do leitor às explicações, o vocábulo figura no destaque tal como se encontra no texto.

Para explicar o desaparecimento de fonemas ou letras em vocábulos, preferimos interpretar as lições do Houaiss (1959) quanto aos padrões fônicos. Usamos o ponto de interrogação para indicar dúvida nossa sobre a origem da pronúncia de certos vocábulos, isto é, se portuguesa ou brasileira. Assim, não consideramos o mencionado desaparecimento como licenças poéticas. Estas foram registradas apenas nos casos em que não encontramos outra explicação plausível.

Três questões relativas à língua literária de Gonçalves Dias precisam ser lembradas. Como filho de português, herdou o modo de falar do pai. Ainda muito jovem, foi estudar em

Portugal, onde escreveu vários poemas de *Primeiros cantos*. Como poeta, declarou, segundo Wilton Cardoso: a) ainda sem o querer, haveremos de modificar altamente o português; b) uma só coisa deve ficar eternamente respeitada, a gramática e o gênio da língua; c) estudar muito e muito os clássicos, porque é miséria grande não saber usar das riquezas que herdamos. (CARDOSO, 1986:173).

O poeta tem grande predileção pela ordem inversa nos versos. Nas explicações, passamos para a ordem direta somente os que, em nossa opinião, teriam inviabilizada, tais como se encontram, sua compreensão pelo leitor não especializado.

Quando um fenômeno já explicado aparece novamente, só repetimos a explicação dos casos que pudessem gerar dúvidas.

Traduzimos as epígrafes para facilitar as possíveis relações analíticas que se queira fazer entre elas e os poemas. Agradeço aos amigos Heinz Charles Kohler a tradução das epígrafes escritas em alemão e João Carlos de Melo Mota a tradução das epígrafes de Ovídio, Virgílio e Jó, que figuram em latim.

O poeta de
muitas amadas,
muitas viagens,
muitas doenças
e, sobretudo,
de muitos cantos

Antônio Gonçalves Dias, filho de português com mestiça, nasceu em 1823, num sítio próximo à cidade maranhense de Caxias. Aos dez anos começou a trabalhar como balconista e encarregado da contabilidade na loja do pai. Aos doze anos iniciou os estudos de Latim, Francês e Filosofia. Em 1838, embarcou para Portugal e entrou para o curso colegial de Letras, em Coimbra. Em 1840, matriculou-se na Universidade. Em 1845, retornou ao Maranhão e, no ano seguinte, embarcou para o Rio de Janeiro. Aí frequentou bailes, teve muitas namoradas (em certa época — três ao mesmo tempo) e escreveu peças teatrais. Foi secretário e professor de Latim do Liceu de Niterói, bem como de Latim e História do Brasil no Colégio Pedro II, então o mais famoso do Brasil. Nesse período, escreveu crônicas teatrais e crítica literária para diversos jornais cariocas. Em 1850, mudou-se para a Rua dos Latoeiros (atual Gonçalves Dias), onde teve febre amarela. Ao restabelecer-se, fez várias viagens oficiais por diversas regiões do País.

Em 1852, casou no Rio com Olímpia da Costa. Dois anos depois, retornou à Europa, dessa vez em missão oficial, para estudar a escola pública em vários países e recolher documentos, em arquivos, sobre a história do Brasil. Em 1858, voltou para cá, continuando a viajar, para fazer pesquisas, e em missões do governo, já dentro da carreira diplomática. Em 1860, pegou malária e apareceram os primeiros sintomas de doenças mais graves.

Em 1862, viajou outra vez para a Europa, a conselho médico. Aos trinta e nove anos, tinha "inflamação crônica do fígado, lesão incipiente no coração, pernas inchadas, voz rouca e presa por motivo de desordem nos pulmões". Lá a sua saúde piorava a cada dia. Quase afônico, teve amputada a campainha da boca. Em 1864, embarcou de volta para a sua terra natal, em péssimo estado de saúde. Viajou de cama toda a viagem, praticamente sem se alimentar. Na chegada, o navio bateu num banco de areia e partiu ao meio. Todos se salvaram, exceto Gonçalves Dias, esquecido em seu camarote, que foi submerso.

Um dos maiores legados do poeta foi contribuir para a criação da língua literária em sua modalidade brasileira, numa época em que o normal era escrever lusitanamente.

Os cantos e outros escritos

Em janeiro de 1847, apareceram *Primeiros cantos*, com data de 1846, obra publicada no Rio de Janeiro e custeada pelo próprio poeta. O livro recebeu um artigo elogioso de Alexandre Herculano, o mais importante escritor português do tempo. Pela primeira e única vez ele escreveria sobre um escritor brasileiro.

Em 1848, foram editados os *Segundos cantos* e um longo poema de caráter medievalizante — "Sextilhas de Frei Antão". Em 1851, publicou *Últimos cantos*.

Em 1857, saiu na Alemanha, custeada pelo poeta, uma edição de todos esses cantos, sob o título de *Cantos*, o *Dicionário da Língua Tupi* e o extenso poema "Os timbiras".

Depois de sua morte, outros textos foram publicados. Seu amigo Antônio Henriques Leal editou as *Obras póstumas*, em 6 volumes.

A melhor e mais completa edição de suas obras foi feita pela Editora José Aguilar, em 1959: *Gonçalves Dias: poesia completa e prosa escolhida*, com estudos de Manuel Bandeira, Antônio Houaiss e o mencionado artigo de Alexandre Herculano. Aí encontramos os seguintes títulos, além dos já mencionados:

- *Novos cantos*.
- *Lira vária*, contendo: "Outros poemas e variantes principais"; "Versos póstumos"; "Poesias traduzidas".
- Teatro: *Leonor de Mendonça*.
- *Prosa escolhida*: "Meditação" (fragmentos); "Memórias de Agapito" (romance — fragmentos); "Um anjo (artigo).
- *Correspondência*.

Nessa edição faltam as obras seguintes, aparecidas anteriormente e na íntegra:

- Teatro: *Beatriz Cenci*; *Patkull* e *Boabdil*.
- Etnografia: *O Brasil e a Oceania.*

Em 1943, apareceu o *Diário inédito da viagem de Gonçalves Dias ao Rio Negro*, como apêndice da biografia do poeta, elaborada por Lúcia Miguel Pereira.

Em 1998, a Editora Nova Aguilar lançou *Gonçalves Dias: poesia e prosa completas.*

Um romantismo muito romântico

Já nos meados do século XVIII, na Inglaterra e na Alemanha, surgia uma literatura de preocupação individualista e sentimental, antagônica ao racionalismo clássico e aos estilos que sucederam a este último: era o nascimento do romantismo, movimento difuso e complexo, que corresponderia a uma total mudança de comportamento do homem, de suas atitudes conscientes de seu papel a desempenhar na História. Surgia no Ocidente europeu, quando as monarquias absolutistas se desorganizavam, quando não era mais possível uma obediência severa à disciplina, à razão e à filosofia racionalista. O século XVIII se torna símbolo da rebeldia conscientizada, ideologicamente incompatível com o século anterior, e encontrará na Revolução Francesa, em 1789, a realização de suas aspirações com o liberalismo, a ascensão da burguesia e a total destruição dos valores feudais. A polêmica do liberalismo em literatura se abrirá, mais tarde, com o célebre prefácio à obra *Cromwell*, de Victor Hugo.

Antonio Candido resume a importância desse movimento e sua multiplicidade de características ao dizer-nos que individualismo e relativismo podem ser considerados a base da atitude romântica, em contraste à tendência racionalista para o geral e o absoluto (1959:22). No continente europeu, já no século XIX, o romantismo se desenvolvia e se impunha paralelamente ao domínio da burguesia, aliada às camadas populares para reivindicar direitos políticos junto à nobreza e aos aristocratas. No Brasil, bem outro era o quadro. Quando as primeiras manifestações românticas surgiam na Europa, florescia entre nós a poesia árcade, embora se possa encontrar aqui e ali, como em Tomás Antônio Gonzaga, prenúncios da nova corrente, ou um "conflito de estilos", como prefere dizer a crítica literária. E, nas três primeiras décadas do século XIX, desaparecido o neoclassicismo, tivemos praticamente um hiato em nossa produção literária até que, em 1836, com a publicação de *Suspiros poéticos e saudades*, de Gonçalves de Magalhães, o romantismo se achou oficialmente introduzido no Brasil.

Não se pode deixar de mencionar a íntima relação entre burguesia e romantismo. Aquela, ascendente pela união com o povo, exigirá novas formas artísticas que contribuirão para intensificar a vida urbana, para fazer o povo participar de alguma forma de seu modo burguês de viver. Surge, então, o grande público, que vai ao teatro, que lê romances de folhetim, que começa a interessar-se pela arte escrita. Essa participação do público explicará, inclusive, a exploração de temas folclóricos intimamente ligados à alma popular. Por outro lado, demonstrando a complexidade do movimento, temos:

1. O interesse pela Idade Média, abandonado no classicismo. No Brasil, como não tivemos Idade Média, os românticos buscaram sua correspondente na Idade Pré-Cabralina. Sendo assim, retrataram o indígena como uma figura de comportamentos refinados, ações heroicas e padrões de linguagem pautados nos cavaleiros medievais. Gonçalves Dias não escaparia a isso, como se poderá ver neste livro.

2. A sentimentalidade exacerbada, oposta à contenção de sentimentos do homem clássico. A poesia amorosa de Dias apresenta exemplos ótimos da exacerbação sentimental.

3. A religiosidade contrária ao paganismo do século XVI e à angústia metafísica do século XVII. Em vários poemas, o poeta vê a mão de Deus em tudo, especialmente nas maravilhas da natureza, nos sofrimentos, sentimentos e esperanças do homem.

4. A busca do isolamento e da meditação, que se fixam como dimensões do individualismo burguês. O poeta maranhense escreveu, inclusive, um livro chamado Meditação.

Se no panorama europeu a expansão do romantismo se devia à ascensão da burguesia aliada ao povo, o mesmo não aconteceu no Brasil, onde ela não se achava em condições de firmar semelhante aliança, pois não tinha meios de predomínio político. Sua função se restringia à frivolidade da vida urbana, à aquisição de valores materiais dentro de suas limitadas posses. Com alguma tintura patriótica, seus interesses confundiam-se com os da mais elevada camada social. Esta última procurava manter-se distanciada da massa que, à margem dos fatos políticos, tinha de conservar-se passiva. Entre nós, o romantismo surgiu, portanto, da união de uma fraca burguesia com os grandes proprietários e aristocratas.

E mais: nosso romantismo foi, de modo genérico, importado, e por aqueles que viviam exilados voluntariamente de seu país, figuras de projeção política e diplomática. Se, por um lado, alguns românticos, como José de Alencar, negavam muitas vezes a tradição lusitana e tinham a pretensão de criar uma 'língua brasileira', por outro lado o próprio Gonçalves Dias inclinava-se para manter a marca lusitanizante no português literário do Brasil. Às vezes, contraditoriamente, ele vacilava entre o lusitano e o brasileiro, não se sabe se por influência europeia, pelo tempo que passou em Portugal, ou se por defender conscientemente a dubiedade linguística em terras brasileiras. No vocabulário dos poemas, registramos com insistência esse fato. O patriotismo, característica marcante dos nossos românticos, corresponde mais a um espírito de independência política, de anticolonialismo, do que de amor gratuito ao torrão natal, conforme já observou José Veríssimo (1954), o historiador da literatura brasileira do início deste século.

A "Canção do exílio", escrita em Portugal, é um poema de exaltação patriótica, mas de oposição sentimental à terra portuguesa:

> As aves que aqui gorjeiam
> Não gorjeiam como lá.
> [...]
> Nosso céu tem mais estrelas,
> Nossas várzeas têm mais flores

Nossas flores têm mais vida
Nossa vida mais amores.
[...]
Minha terra tem primores
Que tais não encontro eu cá.

Se analisarmos friamente o poema, desvestindo-o de seu lirismo, veremos que nele existem afirmações completamente distanciadas do real, ou, por outra, "jecas" mesmo. Além disso, a poesia de Gonçalves Dias é profundamente triste, daquela tristeza sobre quem pairavam as sombras do cristianismo medieval. No prólogo de *Primeiros cantos*, ao conceituar 'poesia', o poeta declara ser ela grande e santa — fusão de pensamento, sentimento, racionalismo e paixão com a religião e a divindade, colorindo-se tudo com a imaginação. Fala, ainda, sobre a necessidade de afastamento da política, para que o poeta possa ler em sua alma o pensamento de improviso e as ideias que uma paisagem ou o oceano lhe despertam.

As "Poesias americanas" talharam os caminhos para os românticos seus sucessores, através do culto indianista, tema que não era novo nem original na literatura brasileira. O interesse pelo indígena remonta ao século XVI, com a descoberta de novas terras. O Velho Mundo enchia-se de curiosidade pelas narrativas de viagens a esses novos mundos, sobretudo por seus habitantes, tão diferentes espiritualmente do homem branco "civilizado". O recém-descoberto era tido lendariamente como corajoso, belo, bom, sem vícios. Compondo o cenário exuberante da natureza dos trópicos, um ser humano, em estado natural, mas fisicamente igual ao europeu, projetava à Europa uma visão paradisíaca das Américas.

Essa idealização perdura nos séculos seguintes e atinge máxima divulgação com Jean-Jacques Rousseau e o célebre "mito do bom selvagem". Em nossa literatura colonial, o indígena quase sempre surgirá, não sob uma perspectiva brasileira, mas através de visão apresentada pelos europeus. Daí a assimilá-lo ao cavaleiro andante foi um pulo. É importante insistir em que, entre os primeiros autores a criar personagens indígenas em nosso país, há os que se formaram na Europa. Já foi dito que, ao ser ressuscitado na poesia e na prosa românticas, o indígena dos poetas coloniais Frei José de Santa Rita Durão e Basílio da Gama se transpõe do assunto para o tema; do acessório ao integrante; do acidental ao essencial.

Em 1809, o escritor francês Chateaubriand, que, aliás, serve de epígrafe a "Poesias americanas", publicava *Les Natchez*, obra inspirada nos indígenas da América do Norte. Outros escritores exploraram a temática de povos autóctones, como Marmontel, também na França, e Alonso de Ercilla, na Espanha. Trazendo o tema para cá, Dias enriqueceu-o de novas conotações, dada a proximidade de experiências. Lembre que no Brasil a tradição literária do assunto remonta à *Carta de Pero Vaz de Caminha*, quando focaliza os indígenas:

> ...parece-me gente de tal inocência, que se o homem entendesse e eles a nós, que seriam logo cristãos porque eles não têm nem entendem em nenhuma crença segundo parece [...] esta gente é boa e de boa simplicidade [...] Nosso Senhor lhes deu bons corpos e bons rostos como a bons homens... (CAMINHA *apud* CINTRA, 1922: 23).

Lembre, também, que a valorização do indígena não tem relação de causa e efeito com a autonomia política — a Independência de 1822. Se fosse assim, o português, elemento colonizador e explorador da terra durante séculos, figuraria em plano secundário, ficaria propositadamente apagado nas obras que versam sobre o tema. No poema "O canto do índio", o personagem principal é o elemento branco, representado por uma virgem loura e nua banhando-se. Impressionado com a visão, o cacique a ama, de um amor capaz de renegar seus costumes e fazê-la rainha da tribo. Em "O canto do Piaga", as palavras do fantasma profetizam o ataque e a consequente vitória do branco, mas não aconselham o indígena a respondê-lo com a guerra. Qualquer atitude deveria ser tomada no plano religioso, tentando-se o afastamento do mal com um apelo aos deuses. Nesses poemas, o poeta imprimiu um ritmo próprio, não raro reproduzindo as danças e cantos dos rituais indígenas.

As "Poesias diversas", como o próprio título indica, não seguem uma linha dominante, como no grupo anterior. Aí o poeta trabalha os sentimentos geralmente com a marca daquela tristeza romântica, marca essa que se percebe nas epígrafes dos poemas. Estas são muitas vezes retiradas de poetas — seus contemporâneos ou imediatamente antecessores — que representam o que havia de mais significativo no romantismo europeu. Convém observar as relações íntimas entre o autor da epígrafe, a epígrafe e o poema de Gonçalves Dias. O dualismo amor-morte é uma constante perpassada pela religiosidade, expresso numa linguagem poética que transita entre a simplicidade e a sofisticação vocabular, entre a metáfora original e o clichê ingênuo, entre a ordem direta do verso e as inversões sintáticas violentas e passadistas, que muito dificultam a leitura compreensiva.

Finalmente, nos "Hinos", a exaltação a Deus e à Mãe-Natureza é a tônica. Se lembramos que o hino foi, primitivamente, um canto religioso não acompanhado de dança e entoado ao som da lira diante dos altares, o título dessa parte de *Primeiros cantos* é mais do que apropriado. Nos sete poemas que a compõem, inclusive o último, em que o poeta se despede do Maranhão, o tom exaltatório, o verso eloquente e os impulsos religiosos vibram.

Em conclusão, podemos afirmar que Gonçalves Dias trabalhou o indianismo como o elemento mítico do passado de que necessitava a sociedade imperial e, até certo ponto, como mascaramento da desumana escravidão, do negro na condição de mão-de-obra que nada tinha de romântico nem de glorioso. Além do indianismo, cantou em hinos não só a Deus como também à grande natureza como espelho de Deus. E, culminando sua literatura versificada, sobressaiu-se no lirismo amoroso tipicamente romântico, porém dando-lhe uma nota pessoal e intimista, ao poetizar experiências vividas e sofridas, ao contrário de outros poetas, cujos amores só existiam na exaltada fantasia e liberdade de criação. Afinal, em sua curta e doente vida, amou e foi amado por muitas mulheres.

Um romântico muito romântico, na vida real e na literatura.

Os poemas

Do ponto de vista temático, os poemas de *Primeiros cantos* podem ser agrupados em quatro grandes temas gerais: A natureza enquanto paisagem, A morte, O amor e O indianismo. É claro que eles não aparecem com exclusividade nos poemas. O poeta costuma fazer um amálgama, enfatizando ora um, ora outro tema, cabendo ao leitor a leitura de suas diversas formas de literarização. Vamos apresentá-los a seguir, de modo esquemático, com exemplos, na expectativa de que você, leitor, encontre outros exemplos, variações e transformações. O importante é que você sinta com o maior prazer as mensagens poéticas de Gonçalves Dias. Que o compreenda e o analise no contexto de seu tempo histórico e literário. Apesar de muitas vezes difícil e extemporâneo, ele esteve entre aquilo que de melhor o Brasil de meados do século XIX pôde produzir em matéria de poesia.

A natureza enquanto paisagem

1. A afirmação da nacionalidade: "Canção do exílio" (o Brasil é melhor do que Portugal); "A escrava" (o Congo é melhor do que o Brasil); "O desterro de um pobre velho" (viver em outra terra é o mesmo que morrer).
2. O cenário metamorfoseado em função das alegrias e tristezas amorosas: "O soldado espanhol": céu azul (ao celebrar o amor correspondido de uma virgem); noite de luar (ao encontrar uma mulher casada, que chora a partida do esposo para a guerra, e o moço oferece a ela o seu amor); noite de inverno, tempestade, furacão (a volta do marido na noite do noivado com o outro, e o assassinato da esposa).

3. O espelho do poder divino: "O romper d'alva" e "O mar": a religiosidade nos sons da natureza que dizem o nome do Criador.

A morte

1. Como fuga da prisão que é a vida: finita, limitada, etc.: "O mar" (final).
2. Como castigo pelo adultério: "O soldado espanhol" (final).
3. Como ponto final "nos dias tão sentidos, longos, amargos, que não se escoam", ou seja, uma vida mal vivida: "A minha Musa".
4. Como medo de acontecer antes de amar: "Desejo".
5. Como consolo buscado na religião: de ser mais uma alma que vai para o céu: "Epicédio"; de ver a terra como passagem para o céu; de ser ao mesmo tempo formosa e cruel; ser Arcanjo do Senhor que anda no pálido corcel: "A Morte"; de ver o céu como "pátria melhor": "Seus olhos".

O amor

1. Impossível, culminando em morte ou em desistência: no primeiro caso, "O soldado espanhol"; no segundo caso, "O pirata".
2. Decorrente das qualidades físicas da mulher — os olhos: "Seus olhos".
3. Passageiro e inesquecível: "O desengano".
4. O verdadeiro nunca sentido: "Minha vida e meus amores".
5. Ser tudo na vida: "Amor! Delírio — engano" e "Delírio".

O indianismo

1. Visão ideológica/idealizada: o indígena vê a virgem dos cristãos banhando-se nua, apaixona-se e renega os seus: "O canto do índio".
2. Visão progressista, porém contemporizadora: o Piaga alerta os seus para a invasão e a destruição do colonizador,

ou lamenta-as, mas sem responder com a violência: "O canto do Piaga" e "Deprecação", respectivamente.
3. Visão do indígena super-homem: "O canto do Guerreiro".

Prólogo da primeira edição

Dei o nome de *Primeiros cantos* às poesias que agora publico, porque espero que não serão as últimas.

Muitas delas não têm uniformidade nas estrofes, porque menosprezo regras de mera convenção; adaptei todos os ritmos da metrificação portuguesa, e usei deles como me pareceram quadrar melhor com o que eu pretendia exprimir.

Não têm unidade de pensamento entre si, porque foram compostas em épocas diversas — debaixo de céu diverso — e sob a influência de impressões momentâneas. Foram compostas nas margens viçosas do Mondego e nos píncaros enegrecidos do Gerez — no Doiro e no Tejo — sobre as vagas do Atlântico, e nas florestas virgens da América.

Escrevi-as para mim, e não para os outros; contentar-me-ei, se agradarem; e se não... é sempre certo que tive o prazer de as ter composto.

Com a vida isolada que vivo, gosto de afastar os olhos de sobre a nossa arena política para ler em minha alma, reduzindo à linguagem harmoniosa e cadente o pensamento que me vem de improviso, e as ideias que em mim desperta a vista de uma paisagem ou do oceano — o aspecto enfim da natureza. Casar assim o pensamento com o sentimento — o coração com o entendimento — a ideia com a paixão — colorir tudo isto com a imaginação, fundir tudo isto com a vida e com a natureza, purificar tudo com o sentimento da religião e da divindade, eis a Poesia — a Poesia grande e santa — a Poesia como eu a compreendo sem a poder definir, como eu a sinto sem a poder traduzir.

O esforço — ainda vão — para chegar a tal resultado, é sempre digno de louvor; talvez seja este o só merecimento deste volume. O Público o julgará; tanto melhor se ele o despreza, porque o Autor interessa em acabar com essa vida desgraçada, que se diz de Poeta.

Rio de Janeiro, julho de 1846.

Poesias americanas

> *Les infortunes d'un obscur habitant*
> *des bois auraient-elles moins de droits à*
> *nos pleurs que celles des autres hommes?*
> CHATEAUBRIAND

✦✦✦

Epígrafe:
> *As infelicidades de um obscuro habitante*
> *das selvas teriam menos direitos às*
> *nossas lágrimas do que aquelas dos outros homens?*
> CHATEAUBRIAND

Chateaubriand: François-René de Chateaubriand (1768-1848). Escritor francês. Autor de narrativas indianistas passadas na América do Norte, como *Atala*.

Canção do exílio

> *Kennst du das Land, wo die Zitronen blühen,*
> *Im dunkeln Laub die Gold-Orangen glühen,*
> *Kennst du es wohl? — Dahin, dahin!*
> *Möcht ich... ziehn*
> GOETHE

Minha terra tem palmeiras,
Onde canta o Sabiá;
As aves, que aqui gorjeiam,

Não gorjeiam como lá.
Nosso céu tem mais estrelas,
Nossas várzeas têm mais flores,
Nossos bosques têm mais vida,
Nossa vida mais amores.

Em cismar, sozinho à noite,
Mais prazer encontro eu lá;
Minha terra tem palmeiras,
Onde canta o Sabiá.

Minha terra tem primores,
Que tais não encontro eu cá;
Em cismar — sozinho, à noite —
Mais prazer encontro eu lá;
Minha terra tem palmeiras,
Onde canta o Sabiá.

Não permita Deus que eu morra,
Sem que eu volte para lá;
Sem que desfrute os primores
Que não encontro por cá;
Sem qu'inda aviste as palmeiras,
Onde canta o Sabiá.

Coimbra — Julho 1843

◆ ◆ ◆

CANÇÃO: em literatura, 'canção' geralmente é sinônimo de 'poema'. Nos tempos antigos, a poesia era cantada ao som de algum instrumento.

Epígrafe:
> *Tu conheces o país, onde os limões florescem,*
> *Na escuridão as laranjas-ouro ardem,*
> *Tu bem o conheces? — Para lá, para lá!*
> *Eu gostaria... de ir para lá.*
>
> GOETHE

ardem: estar apaixonado. (Nota do tradutor)
Goethe: Wolfgang Goethe (1749-1832). Escritor alemão. Autor de *Werther*, *Fausto* e *Afinidades eletivas*. Segundo o poeta Manuel Bandeira, pesquisador de Gonçalves Dias, os versos da epígrafe são uma citação incompleta da primeira estrofe do poema "Mignon".
primores: belezas.
qu'inda: que ainda; parece tratar-se de padrão fônico lusitanizante.

A "Canção do exílio" escrita em Portugal, foi "seu primeiro grande momento de inspiração, o passaporte da sua imortalidade", diz Bandeira. É um dos poemas mais conhecidos de nossa literatura. Conforme indica o título, foi composto quando o poeta se encontrava "exilado" voluntariamente, estudando em Coimbra. Escrito em redondilhas maiores (versos de sete sílabas), está construído com oposições entre a natureza brasileira e a portuguesa, valorizando-se a primeira. O amor à terra natal é marcado, por um lado, pelo nacionalismo romântico; por outro, pelo saudosismo. Valorizam-se os elementos da natureza: palmeiras, aves, flores, estrelas.

O canto do Guerreiro

I

Aqui na floresta
Dos ventos batida,
Façanhas de bravos
Não geram escravos,
Que estimem a vida
Sem guerra e lidar.
— Ouvi-me, Guerreiros.
— Ouvi meu cantar.

II

Valente na guerra
Quem há, como eu sou?
Quem vibra o tacape
Com mais valentia?
Quem golpes daria
Fatais, como eu dou?
— Guerreiros, ouvi-me;
— Quem há, como eu sou?

III

Quem guia nos ares
A frecha imprumada,
Ferindo uma presa,
Com tanta certeza,
Na altura arrojada
Onde eu a mandar?

— Guerreiros, ouvi-me,
— Ouvi meu cantar.

IV

Quem tantos imigos
Em guerras preou?
Quem canta seus feitos
Com mais energia?
Quem golpes daria
Fatais, como eu dou?
— Guerreiros, ouvi-me:
— Quem há, como eu sou?

V

Na caça ou na lide,
Quem há que me afronte?!
A onça raivosa
Meus passos conhece,
O imigo estremece,
E a ave medrosa
Se esconde no céu.
— Quem há mais valente,
— Mais destro que eu?

VI

Se as matas estrujo
Co os sons do Boré,
Mil arcos se encurvam,
Mil setas lá voam,
Mil gritos reboam,
Mil homens de pé
Eis surgem, respondem
Aos sons do Boré!
— Quem é mais valente,
— Mais forte quem é?

VII

Lá vão pelas matas;
Não fazem ruído:
O vento gemendo
E as matas tremendo
E o triste carpido

Duma ave a cantar
São eles — guerreiros,
Que faço avançar.

VIII

E o Piaga se ruge
No seu Maracá,
A morte lá paira
Nos ares frechados,
Os campos juncados
De mortos são já:
Mil homens viveram,
Mil homens são lá.

IX

E então se de novo
Eu toco o Boré;
Qual fonte que salta
De rocha empinada,
Que vai marulhosa,
Fremente e queixosa,
Que a raiva apagada
De todo não é,
Tal eles se escoam
Aos sons do Boré.
— Guerreiros, dizei-me,
— Tão forte quem é?

◆ ◆ ◆

CANTO: Vocábulo muito admirado por Gonçalves Dias, conforme vimos. Nos títulos de seus livros, significa simplesmente 'poemas', 'poesias líricas'. Neste poema, remete também a um tipo de composição poética destinada à interpretação musical. Em quase todas as comunidades indígenas, os índios narram seu feitos heroicos num misto de declamação e canto.

lidar: tomar parte em combates, lutas.

Quem há como eu sou?: 'Quem há' — quem existe ou quem é; 'como eu sou?' — como eu existo, como eu sou?

tacape: arma ofensiva, espécie semelhante à maça (arma com uma extremidade esférica provida de pontas agudas) usada na guerra e nos sacrifícios rituais. (Explicação de Gonçalves Dias).

frecha imprumada: flecha enfeitada de penas; o vocábulo 'frecha' é mais antigo do que 'flecha'.

certeza: pontaria.

Na altura arrojada: arremessada na altura.

imigos: inimigos; forma arcaica.

preou: capturou.

lide: luta, combate.

destro: hábil, esperto.

estrujo: faço estremecer com estrondo.

co os: com os; parece refletir a pronúncia do tempo.

Boré: instrumento musical de guerra. Dá apenas algumas notas, mais ásperas e mais fortes do que as da trompa. (Explicação de Gonçalves Dias).

carpido: lamento.

Piaga: Sacerdote, médico e adivinho dos indígenas. (Explicação de Gonçalves Dias).

Maracá: cabaça cheia de pedras ou búzios, atravessada por uma haste ornada de penas a qual lhe serve de cabo.

paira: voa.

frechados: flechados.

juncados: cobertos de folhas ou flores.

De mortos são já: Já estão (cobertos) de mortos. O poeta joga com a substituição de 'cobertos de folhas/flores' por 'cobertos de mortos'.

marulhosa: agitada (a fonte).

fremente: vibrante (a fonte).

Que a raiva apagada/De todo não é: porque a raiva não está apagada completamente.

Tal eles se escoam: Assim os homens fogem.

ও৵৶৽

O canto do Piaga

I

Ó Guerreiros da Taba sagrada,
Ó Guerreiros da Tribo Tupi,
Falam Deuses nos cantos do Piaga,
Ó Guerreiros, meus cantos ouvi.

Esta noite — era a lua já morta —
Anhangá me vedava sonhar;
Eis na horrível caverna, que habito,
Rouca voz começou-me a chamar.

Abro os olhos, inquieto, medroso,
Manitôs! que prodígios que vi!

Arde o pau da resina fumosa,
Não fui eu, não fui eu, que o acendi!

Eis rebenta a meus pés um fantasma,
Um fantasma d'imensa extensão;
Liso crânio repousa a meu lado,
Feia cobra se enrosca no chão.

O meu sangue gelou-se nas veias,
Todo inteiro — ossos, carnes — tremi.
Frio horror me coou pelos membros,
Frio vento no rosto senti.

Era feio, medonho, tremendo,
Ó Guerreiros, o espectro que eu vi.
Falam Deuses nos cantos do Piaga,
Ó Guerreiros, meus cantos ouvi!

II

Por que dormes, ó Piaga divino?
Começou-me a Visão a falar,
Por que dormes? O sacro instrumento
De per si já começa a vibrar.

Tu não viste nos céus um negrume
Toda a face do sol ofuscar;
Não ouviste a coruja, de dia,
Seus estrídulos torva soltar?

Tu não viste dos bosques a coma
Sem aragem — vergar-se e gemer,
Nem a lua de fogo entre nuvens,
Qual em vestes de sangue, nascer?

E tu dormes, ó Piaga divino!
E Anhangá te proíbe sonhar!
E tu dormes, Ó Piaga, e não sabes,
E não podes augúrios cantar?!

Ouve o anúncio do horrendo fantasma,
Ouve os sons do fiel Maracá;
Manitôs já fugiram da Taba!
Ó desgraça! ó ruína! ó Tupá!

III

Pelas ondas do mar sem limites
Basta selva, sem folhas, i vem;
Hartos troncos, robustos, gigantes;
Vossas matas tais monstros contêm.

Traz embira dos cimos pendente
— Brenha espessa de vário cipó —
Dessas brenhas contêm vossas matas,
Tais e quais, mas com folhas: é só!

Negro monstro os sustenta por baixo,
Brancas asas abrindo ao tufão,
Como um bando de cândidas garças,
Que nos ares pairando — lá vão.

Oh! quem foi das entranhas das águas,
O marinho arcabouço arrancar?
Nossas terras demanda, fareja...
Esse monstro... — o que vem cá buscar?

Não sabeis o que o monstro procura?
Não sabeis a que vem, o que quer?
Vem matar vossos bravos guerreiros.
Vem roubar-vos a filha, a mulher!

Vem trazer-vos crueza, impiedade —
Dons cruéis do cruel Anhangá;
Vem quebrar-vos a maça valente,
Profanar Manitôs, Maracás.

Vem trazer-vos algemas pesadas,
Com que a tribo Tupi vai gemer;
Hão-de os velhos servirem de escravos
Mesmo o Piaga inda escravo há de ser!

Fugireis procurando um asilo,
Triste asilo por ínvio sertão;
Anhangá de prazer há de rir-se,
Vendo os vossos quão poucos serão.

Vossos Deuses, ó Piaga, conjura,
Susta as iras do fero Anhangá.
Manitôs já fugiram da Taba,
Ó desgraça! ó ruína! ó Tupá!

♦ ♦ ♦

Anhangá: Gênio do Mal. (Segundo Gonçalves Dias).
Eis na: eis que na.
Manitôs: Espécie de deuses domésticos. O seu desaparecimento predizia grandes calamidades às tribos das quais eles tivessem desertado. (Explicação de Gonçalves Dias).
fumosa: que lança fumaça.
coou: penetrou pouco a pouco.
O sacro instrumento: o maracá.
De per si: por si mesmo.
Seus estrídulos torva soltar?: Soltar pavorosa, sinistra, seus sons agudos e penetrantes?
coma: a copa das árvores.
Tupá: Tupã, deus máximo dos indígenas; coexistem ambas as formas fônicas.
Basta selva sem folhas i vem: basta — espessa, densa; i vem — aí vem; 'i' — forma arcaizada de 'aí'. Aí vem o fantasma, isto é, as naus dos portugueses para conquistar a terra e destruir a cultura indígena. A densa selva sem folhas é a mastreação das naus.
Hartos: sólidos, fortes. O verso é metáfora das caravelas — os monstros.
Vossas matas tais monstros contêm: Vossas matas contêm tais monstros, ou seja, árvores robustas, mas só que de folhas.
Traz embira dos cimos pendente / — Brenha espessa de vário cipó —: embira — corda; brenha — matagal. Os versos são metáfora do cordame das caravelas.
Negro monstro: o casco das embarcações.
Brancas asas: as velas das naus.
marinho arcabouço: esqueleto do mar; outra imagem para 'caravelas'.
a que vem: para que vem.
ínvio: intransitável.
conjura: suplica.
fero: feroz.
Poema indianista, escrito em São Luís/MA, em 1846. O Piaga — sacerdote e cantor — tem um sonho apavorante: a colonização do homem branco, que surge do mar em naus, como monstros, para destruir a civilização indígena. Esse tema se estende à atualidade: estamos destruindo os remanescentes das civilizações pré-cabralinas, ao querer emancipá-los, para integrá-los numa sociedade com valores diferentes dos deles, acelerando seu desaparecimento.

O canto do índio

Quando o sol vai dentro d'água
    Seus ardores sepultar,
Quando os pássaros nos bosques
    Principiam a trinar;

Eu a vi, que se banhava...
    Era bela, ó Deuses, bela,
Como a fonte cristalina,
    Como luz de meiga estrela.

Ó Virgem, Virgem dos Cristãos formosa,
Porque eu te visse assim, como te via,
Calcara agros espinhos sem queixar-me,
Que antes me dera por feliz de ver-te.

O tacape fatal em terra estranha
Sobre mim sem temor veria erguido;
Dessem-me a mim somente ver teu rosto
Nas águas, como a lua, retratado.

    Eis que os seus loiros cabelos
        Pelas águas se espalhavam,
    Pelas águas, que de vê-los
        Tão loiros se enamoravam.

    Ela erguia o colo ebúrneo,
        Por que melhor os colhesse;
    Níveo colo, quem te visse,
        Que de amores não morresse!

Passara a vida inteira a contemplar-te,
Ó Virgem, loira Virgem tão formosa,
Sem que dos meus irmãos ouvisse o canto,
Sem que o som do Boré que incita à guerra
Me infiltrasse o valor que m'hás roubado,
Ó Virgem, loira Virgem tão formosa.

    As vezes, quando um sorriso
        Os lábios seus entreabria,
    Era bela, oh! mais que a aurora
        Quando a raiar principia.

Outra vez — dentre seus lábios
    Uma voz se desprendia;
Terna voz, cheia de encantos,
    Que eu entender não podia.

Que importa? Esse falar deixou-me n'alma
Sentir d'amores tão sereno e fundo,
Que a vida me prendeu, vontade e força
Ah! que não queiras tu viver comigo,
Ó Virgem dos Cristãos, Virgem formosa!

    Sobre a areia, já mais tarde,
        Ela surgiu toda nua;
    Onde há, ó Virgem, na terra
        Formosura como a tua?

    Bem como gotas de orvalho
        Nas folhas de flor mimosa,
    Do seu corpo a onda em fios
        Se deslizava amorosa.

Ah! Que não queiras tu vir ser rainha
Aqui dos meus irmãos, qual sou rei deles!
Escuta, ó Virgem dos Cristãos formosa.

Odeio tanto aos teus, como te adoro;
Mas queiras tu ser minha, que eu prometo
Vencer por teu amor meu ódio antigo,
Trocar a maça do poder por ferros
E ser, por te gozar, escravo deles.

◆ ◆ ◆

Porque: para que.

Calcara agros: Pisara duros.

que (3ª estrofe): pois.

colo ebúrneo: pescoço de marfim (branco como marfim). Clichê poético.

Por que melhor os colhesse: Para que melhor juntasse os cabelos.

Níveo: branco.

m'hás roubado: me hás roubado, isto é, 'roubaste de mim'; m'hás — licença poé-
    tica denominada 'elisão' ou 'sinalefa' (supressão de vogal átona na mesma
    emissão silábica). Também poderia ser padrão fônico lusitanizante.

ferros: armas.

৵৽৫

Caxias

Quanto és bela, ó Caxias! — no deserto,
Entre montanhas, derramada em vale
        De flores perenais,
És qual tênue vapor que a brisa espalha
No frescor da manhã meiga soprando
        À flor de manso lago.

Tu és a flor que despontaste livre
Por entre os troncos de robustos cedros,
        Forte — em gleba inculta;

És qual gazela, que o deserto educa,
No ardor da sesta debruçada exangue
        À margem da corrente.

És mole seda as graças não escondes,
Não cinges d'oiro a fronte que descansas
        Na base da montanha;

És bela como a virgem das florestas,
Que no espelho das águas se contempla,
        Firmada em tronco anoso.

Mas dia inda virá, em que te pejes
Dos, que ora trajas, símplices ornatos
        E amável desalinho;

Da pompa e luxo amiga, hão de cair-te
Aos pés então — da poesia a c'roa
        E da inocência o cinto

◆ ◆ ◆

perenais: que ficam muito tempo sem murchar.
À flor: à superfície.
gleba inculta: terra não cultivada.
educa: cultiva, aclimata.
exangue: exausta, sem forças.
anoso: velho
inda: ainda — padrão fônico lusitanizante?
pejes: envergonhes.
Dos, que ora trajas, símplices ornatos: Dos simples enfeites que agora vestes.
c'roa: coroa; padrão fônico lusitanizante. Numa carta ao amigo Teófilo, o
    poeta grafa ora c'roa, ora coroa (PEREIRA, 1943:100).

Deprecação

Tupã, ó Deus grande! cobriste o teu rosto
Com denso velâmen de penas gentis;
E jazem teus filhos clamando vingança
Dos bens que lhes deste da perda infeliz!

Tupã, ó Deus grande! teu rosto descobre:
Bastante sofremos com tua vingança!
Já restam bem poucos dos teus, qu'inda possam
Teus filhos que choram tão grande mudança.

Anhangá impiedoso nos trouxe de longe
Os homens que o raio manejam cruentos,
Que vivem sem pátria, que vagam sem tino
Trás do ouro correndo, voraces, sedentos.

E a terra em que pisam, e os campos e os rios
Que assaltam, são nossos; tu és nosso Deus:
Por que lhes concedes tão alta pujança,
Se os raios de morte, que vibram, são teus?

Tupã, ó Deus grande! cobristes o teu rosto
Com denso velâmen de penas gentis;
E jazem teus filhos clamando vingança
Dos bens que lhes deste da perda infeliz.

Teus filhos valentes, temidos na guerra,
No albor da manhã quão fortes que os vi!
A morte pousava nas plumas da frecha,
No gume da maça, no arco Tupi?

E hoje em que apenas a enchente do rio
Cem vezes hei visto crescer e baixar...
Já restam bem poucos dos teus, qu'inda possam
Dos seus, que já dormem, os ossos levar.

Teus filhos valentes causavam terror,
Teus filhos enchiam as bordas do mar,
As ondas coalhavam de estreitas igaras,
De frechas cobrindo os espaços do ar.

Já hoje não caçam nas matas frondosas
A corça ligeira, o trombudo quati...
A morte pousava nas plumas da frecha,
No gume da maça, no arco Tupi!

O Piaga nos disse que breve seria,
A que nos infliges cruel punição;
E os teus inda vagam por serras, por vales,
Buscando um asilo por ínvio sertão!

Tupã, ó Deus grande! descobre o teu rosto:
Bastante sofremos com tua vingança!
Já lágrimas tristes choraram teus filhos,
Teus filhos que choram tão grande tardança.

Descobre o teu rosto, ressurjam os bravos,
Que eu vi combatendo no albor da manhã;
Conheçam-te os feros, confessem vencidos
Que és grande e te vingas, qu'és Deus, ó Tupã!

❖ ❖ ❖

DEPRECAÇÃO: súplica de perdão.
velâmen: envoltório de muitas raízes aéreas, constituído de várias camadas de células compactas, espessas e cheias de ar. No caso, metáfora para 'envoltório de penas'.
Dos bens que lhes deste da perda infeliz!: Da perda infeliz dos bens que lhes deste.
Já restam bem poucos dos teus, qu'inda possam: Parece faltar alguma coisa no verso. Na edição de J. Norberto, o verso é outro: "Já lágrimas tristes choraram teus filhos".
Os homens que o raio manejam cruentos: os homens sanguinários que manejam o raio, isto é, os brancos que sabem lidar com armas. Referência à lenda sobre o náufrago Diogo Álvares da Silva, apelidado pelos índios de 'Caramuru' — filho do fogo — tido por eles como divindade quando usou a arma com que se salvou.
voraces, sedentos: voraces (ansiosos), muito desejosos.
tão alta pujança: tão grande vigor.
albor: alvor, a primeira luz, a alva.
hei visto: vi.
igaras: canoas pequenas e esguias, feitas de casca de árvore.
infliges: aplicas castigo.

38

O soldado espanhol

Un soldat au dur visage
V. HUGO

I

Oh! Que révélera les troubles, les mystères
Que ressentent d'abord deux amants solitaires
Dans l'abandon d'un chaste amour?
AMOUR ET FOI

O céu era azul, tão meigo e tão brando,
A terra tão erma, tão quieta e saudosa,
Que a mente exultava, mais longe escutando
O mar a quebrar-se na praia arenosa.

O céu era azul, e na cor semelhava
Vestido sem nódoa de pura donzela;
E a terra era a noiva que bem se arreava
De flores, matizes; mas vária, mas bela.

Ela era brilhante,
Qual raio do sol;
E ele arrogante,
De sangue espanhol.

E o espanhol muito amava
A virgem mimosa e bela;
Ela amante, ele zeloso
Dos amores da donzela;
Ele tão nobre e folgando
De chamar-se escravo dela!

E ele disse: — Vês o céu? —
E ela disse: —Vejo, sim;
Mais polido que o polido
Do meu véu azul cetim. —
Torna-lhe ele... (oh! quanto é doce
Passar-se uma noite assim!)

— Por entre os vidros pintados
D'igreja antiga, a luzir
Não vês luz? — Vejo. — E não sentes
De a veres, meigo sentir?

— É doce ver entre as sombras
A luz do templo a luzir!

— E o mar, além, preguiçoso
Não vês tu em calmaria?
— É belo o mar; porém sinto,
Só de o ver, melancolia.
— Que mais o teu rosto enfeita
Que um sorriso de alegria.

— E eu tão bem acho em seu triste
Do que alegre, mais prazer;
Sou triste, quando em ti penso,
Que só me falta morrer;
Mesmo a tua voz saudosa
Vem minha alma entristecer.

— E eu sou feliz, como agora,
Quando me falas assim;
Sou feliz quando se riem
Os lábios teus de carmim;
Quando dizes que me adoras,
Eu sinto o céu dentro em mim.

— És tu só meu Deus, meu tudo,
És tu só meu puro amar,
És tu só que o pranto podes
Dos meus olhos enxugar. —
Com ela repete o amante:
— És tu só meu puro amar! —

E o céu era azul, tão meigo e tão brando
E a terra tão erma, tão só, tão saudosa,
Que a mente exultava, mais longe escutando
O mar a quebrar-se na praia arenosa!

II

Ainsi donc aujourd'hui, demain, après encore,
Il faudra voir sans toi naître et mourir l'aurore!
V. HUGO

E o espanhol viril, nobre e formoso,
No bandolim

Seus amores dizia mavioso,
  Cantando assim:
  "Já me vou por mar em fora
  Daqui longe a mover guerra,
  Já me vou, deixando tudo,
  Meus amores, minha terra.

  Já me vou lidar em guerras,
  Vou-me a Índia ocidental;
  Hei de ter novos amores...
  De guerras... não temas al.

  Não chores, não, tão coitada,
  Não chores por t'eu deixar;
  Não chores, que assim me custa
  O pranto meu sofrear.

  Não chores! — sou como o Cid
  Partindo para a campanha;
  Não ceifarei tantos louros,
  Mas terei pena tamanha."

  E a amante que assim o via
  Partir-se tão desditoso,
  — Vai, mas volta; lhe dizia:
  Volta, sim, vitorioso.

  "Como o Cid, oh! crua sorte!
  Não me vou nesta campanha
  Guerrear contra o crescente,
  Porém sim contra os d'Espanha!

  Não me aterram; porém sinto
  Cerrar-se o meu coração,
  Sinto deixar-te, meu anjo,
  Meu prazer, minha afeição.

  Como é doce o romper d'alva,
  É-me doce o teu sorrir,
  Doce e puro, qual d'estrela
  De noite — o meigo luzir.

  Eram meus teus pensamentos,
  Teu prazer minha alegria,

Doirada fonte d'encantos,
Fonte da minha poesia.

Vou-me longe, e o peito levo
Rasgado de acerba dor,
Mas comigo vão teus votos,
Teus encantos, teu amor!

Já me vou lidar em guerras,
Vou-me a Índia ocidental;
Hei de ter novos amores...
De guerras... não temas al."

Esta era a canção que acompanhava
    No bandolim,
Tão triste, que de triste não chorava
    Dizendo assim:

III

> *O conde deu o sinal da partida*
> *— À caça! meus amigos.*
> BURGER

"Quero, pajens, selado o ginete,
Quero em punho nebris e falcão,
Qu'é promessa de grande caçada
Fresca aurora d'amigo verão.

Quero tudo luzindo, brilhante
— Curta espada e venab'lo e punhal,
Cães e galgos farejem diante
Leve odor de sanhudo animal.

E ai do gamo que eu vir na coutada,
Corça, onagro, que eu primo avistar!
Que o venab'lo nos ares voando
Lhe há de o salto no meio quebrar.

Eia, avante! — Dizia folgando
O fígado mancebo, loução:
— Eia, avante! — e já todos galopam
Trás do moço, soberbo infanção."

E partem, qual do arco arranca e voa
Nos amplos ares, mais veloz que a vista,

A plúmea seta da entesada corda.
Longe o eco reboa; — já mais fraco,
Mais fraco ainda, pelos ares voa.
Dos cães dúbio o latir se escuta apenas,
Dos ginetes tropel, rinchar distante
Que em lufadas o vento traz por vezes.
Já som nenhum se escuta... Quê! — latido
De cães, incerto, ao longe? Não, foi vento
Na torre castelã batendo acaso,
Nas seteiras acaso sibilando
Do castelo feudal, deserto agora.

IV

> *Vois, à l'horizon*
> *Aucune maison?*
> *— Aucune.*
> V. HUGO

Já o sol se escondeu; cobre a terra
Belo manto de frouxo luar;
E o ginete, que esporas atracam,
Nitre e corre sem nunca parar.

Da coutada nas ínvias ramagens
Vai sozinho o mancebo infanção;
Vai sozinho, afanoso trotando
Sem temores, sem pajens, sem cão.

Companheiros da caça há perdido,
Há perdido no aceso caçar;
Há perdido, e não sente receio
De sozinho, nas sombras trotar.

Corno ebúrneo embocou muitas vezes,
Muitas vezes de si deu sinal;
Bebe atento a resposta, e não ouve
Outro som responder-lhe; inda mal!!

E o ginete que esporas atracam,
Nitre e corre sem nunca parar;
Já o sol se escondeu, cobre a terra
Belo manto de frouxo luar.

V

De rosée
Arrosée.
La rose a moins de fraîcheur.
HENRIQUE IV

Silêncio grato da noite
Quebram sons duma canção,
Que vai dos lábios de um anjo
Do que escuta ao coração.

Dizia a letra mimosa
Saudades de muito amar;
E o infanção enleado
Atento, pôs-se a escutar.

Era encantos voz tão doce,
Incentivo essa ternura,
Gerava delícias n'alma
Sonhar d'havê-la a ventura.

Queixosa cantava a esposa
Do guerreiro que partiu,
Largos anos são passados,
Missiva dele não viu...

Parou!... escutando ao perto
Responder-lhe outra canção!...
Era terna a voz que ouvia,
Lisonjeira — do infanção:

"Tenho castelo soberbo
Num monte, que beija um rio,
De terras tenho no Doiro
Jeiras cem de lavradio;

Tenho lindas haquenéias,
Tenho pajens e matilha,
Tenho os milhores ginetes
Dos ginetes de Sevilha;

Tenho punhal, tenho espada
D'alfageme alta feitura,
Tenho lança, tenho adaga,
Tenho completa armadura.

Tenho fragatas que cingem
Dos mares a linfa clara,
Que vão preando piratas
Pelas rochas de Megara.

Dou-te o castelo soberbo
E as terras do fértil Doiro,
Dou-te ginetes e pajens
E a espada de pomo d'oiro.

Dera a completa armadura
E os meus barcos d'alto-mar,
Que nas rochas de Megara
Vão piratas cativar.

Fala de amores teu canto,
Fala de acesa paixão...
Ah! senhora, quem tivera
Dos agrados teus condão!

Eu sou mancebo, sou Nobre,
Sou nobre moço infanção;
Assim pudesse o meu canto
Algemar-te o coração,
Ó Dona, que eu dera tudo
Por vencer-te essa isenção!"

Atenta escutava a esposa
Do guerreiro que partiu,
Largos anos são passados,
Missiva dele não viu;
Mas da letra que escutava
Delícias n'alma sentiu.

VI

Si tu voulais, Madeleine,
Je te ferais châtelaine;
Je suis le comte Roger: —
Quitte pour moi ces chaumières,
A moins que tu ne préfères
Que je me fasse berger.
V. HUGO

E noutra noite saudosa
Bem junto dela sentado,

Cantava brandas endechas
O gardingo namorado.

"Careço de ti, meu anjo,
Careço do teu amor,
Como da gota d'orvalho
Carece no prado a flor.

Prazeres que eu nem sonhava
Teu amor me fez gozar;
Ah! que não queiras, senhora,
Minha dita rematar.

O teu marido é já morto,
Notícia dele não soa;
Pois desta gente guerreira
Bastos ceifa a morte à toa.

Ventura me fora ver-te
Nos lábios teus um sorriso,
Delícias me fora amar-te,
Gozar-te meu paraíso.

Sinto aflição, quando choras;
Se te ris, sinto prazer;
Se te ausentas, fico triste
Que só me falta morrer.

Careço de ti, meu anjo,
Careço do teu amor,
Como da gota d'orvalho
Carece no prado a flor."

VII

> *L'époux, dont nul ne se souvient,*
> *Vient;*
> *Il va punir ta vie infâme,*
> *Femme!*
>
> V. HUGO

Era noite hibernal; girava dentro
Da casa do guerreiro o riso, a dança,
E reflexos de luz, e sons, e vozes,
E deleite, e prazer: e fora a chuva,
A escuridão, a tempestade, e o vento,

Rugindo solto, indômito e terrível
Entre o negror do céu e o horror da terra.
Na geral confusão os céus e a terra
Horrenda simpatia alimentavam.

Ferve dentro o prazer, reina o sorriso,
E fora a tiritar, fria, medonha,
Marcha a vingança pressurosa e torva:
Traz na destra o punhal, no peito a raiva,
Nas faces palidez, nos olhos morte.
O infanção extremoso enchia rasa
A taça de licor mimoso e velho,
Da usança ao brinde convidando a todos
Em honra da esposada: — À noiva! exclama.

E a porta range e cede, e franca e livre
Introduz o tufão, e um vulto assoma
Altivo e colossal. — Em honra, brada,
Do esposo deslembrado! — e a taça empunha,
Mas antes que o licor chegasse aos lábios,
Desmaiada e por terra jaz a esposa,
E a destra do infanção maneja o ferro,
Por que tão afronta lave o sangue,
Pouco, bem pouco para injúria tanta.
Debalde o fez, que lhe golfeja o sangue
D'ampla ferida no sinistro lado,
E ao pé da esposa o assassino surge
Co'o sangrento punhal na destra alçado.

A flor purpúrea que matiza o prado,
Se o vento da manhã lhe entorna o cálix,
Perde aroma talvez; porém mais belo
Colorido lhe vem do sol nos raios.
As fagueiras feições daquele rosto
Assim foram tão bem; não foi do tempo
Fatal o perpassar às faces lindas.

Nota-lhe ele as feições, nota-lhe os lábios,
Os curtos lábios que lhe deram vida,
Longa vida de amor em longos beijos,
Qual jamais não provocou; e as iras todas
Dos zelos vingadores descansaram
No peito de sofrer cansado e cheio,

Cheio qual na praia fica a esponja,
Quando a vaga do mar passou sobre ela.

Num relance fugiu, minaz no vulto;
Como o raio que luz um breve instante,
Sobre a terra baixou, deixando a morte.

◆ ◆ ◆

Epígrafe:
                                              Um soldado de dura face
                                                              V. HUGO

V. Hugo: Victor Hugo (1802-1885). Escritor francês, autor de *Nossa Senhora de Paris* e *Os miseráveis*. Inspirou várias epígrafes a Gonçalves Dias.

I

Epígrafe:
            Oh! quem revelará as emoções inquietas, os mistérios
        Que sentem, desde o primeiro instante, dois amantes sozinhos
                          No abandono de um casto amor?
                                                       AMOUR ET FOI

◆ ◆ ◆

arreava: enfeitava.
tão bem: também; a separação é arcaizante.
folgando: alegrando-se.

II

Epígrafe:
                        Assim hoje, amanhã, depois ainda,
                será preciso ver sem ti nascer e morrer a aurora!
                                                              V. HUGO

◆ ◆ ◆

mavioso: terno, comovente.
em fora: afora; expressão arcaizante.
al: as outras coisas, o mais; vocábulo arcaizante.
tão coitada: com tanto sofrimento; expressão arcaizante.
t'eu: te eu; padrão fônico lusitanizante?
sofrear: fazer parar.
Cid: referência a 'El Cid Campeador', poema anônimo espanhol do século
      XII, composto de 3.730 versos. Narra as aventuras heroicas de Rodrigo
      Díaz de Vivar, El Cid, conquistador da região de Valência.
campanha: guerra.
Não ceifarei tantos louros/Mas terei pena tamanha: Não colherei tantos lauréis
      da glória (como o Cid)/Mas terei grande sofrimento.

o crescente: armas e estandartes do antigo império turco, com o qual a Espanha guerreou.

aterram: amedrontam.

o romper d'alva: o romper da aurora.

acerba: cruel.

III

Burger: Gottfried August Bürger (1747-1794). Poeta lírico alemão, autor de *Lenore*.

♦ ♦ ♦

ginete: corcel.

nebris e falcão: 'falcões amestrados para a caça' e 'arma de calibre três, usada em caçadas'. A mesma expressão é encontrada nos escritores portugueses Alexandre Herculano e Oliveira Martins.

venab'lo: venábulo, espécie de lança para a caça de feras; padrão fônico lusitanizante?

galgos: cães caracterizados pela agilidade e rapidez, apropriados para caçadas.

sanhudo: feroz.

gamo: animal semelhante ao veado.

coutada: esconderijo.

onagro: burro, jumento.

primo: primeiro; vocábulo arcaizante.

O fidalgo mancebo, loução: O nobre rapaz, elegante.

infanção: antigo título de nobreza, abaixo do rico-homem, sendo este "fidalgo de alta linhagem".

plúmea: que tem plumas, emplumada.

Nas seteiras acaso sibilando: nas aberturas feitas na muralha (do castelo), por onde se atiram setas aos invasores, (o vento) por acaso assobiando.

IV

Epígrafe:

> *Vês, no horizonte*
> *Alguma habitação?*
> *— Nenhuma.*
> V. HUGO

♦ ♦ ♦

Nitre: relincha

afanoso: entusiasmado.

aceso: vibrante.

Corno ebúrneo embocou: chifre de marfim tocou. Ação para informar, na caçada, onde a pessoa se encontra.

V

Epígrafe:

De orvalho
Regada.
A rosa tem menos frescor.
HENRIQUE IV

Henrique IV: Parece tratar-se da peça teatral de William Shakespeare (1564-1616), escritor inglês.

❖❖❖

Do que escuta ao coração: ao coração daquele que escuta.

enleado: embevecido.

Sonhar d'havê-la a ventura: Sonhar a felicidade de tê-la (a voz doce); 'd'havê-la': de havê-la — padrão fônico lusitanizante?

Missiva: carta.

Doiro: rio de Portugal. Padrão fônico lusitanizante. No Brasil se diz 'Douro'. O ditongo 'oi' do português de Portugal transformou-se em 'ou' no português do Brasil. Essa transformação é muito comum em Gonçalves Dias.

Jeiras cem de lavradio: vinte hectares de lavoura. (jeira: medida correspondente a 0.2 hectare).

haquenéias: hacanéias: éguas pequenas e mansas (colaboração de José Américo de Miranda).

milhores: melhores; padrão fônico lusitanizante?

D'alfageme alta feitura: excelente (alta) trabalho (feitura) de fabricante de espadas e alfanjes e sabres (alfageme). D'alfageme — padrão fônico lusitanizante?

adaga: arma mais larga e maior do que o punhal.

cingem: cortam.

linfa: água.

preando: capturando.

Megara: região da Grécia.

E a espada de pomo d'oiro: pomo d'oiro — fruto de ouro dos Jardins das Hespérides, figuras mitológicas; ou seja, os frutos da imortalidade. A espada que o defende da morte; d'oiro — padrão fônico lusitanizante.

Dos agrados teus condão: o dom dos teus agrados.

Dona: senhora. Pronome antigo de tratamento usado na poesia medieval.

isenção: desamor.

VI

Epígrafe:

Se tu quisesses, Madalena,
Eu te faria castelã;
Eu sou o conde Rogério: —

> *Deixa por mim estas cabanas,*
> *A menos que tu prefiras*
> *Que eu me faça pastor.*
>
> V. HUGO

◆ ◆ ◆

endechas: canção melancólica, em estrofes de quatro versos.
gardingo: homem de classe nobre, entre os povos visigodos.
dita: felicidade.
rematar: acabar.
Bastos ceifa a morte à toa: bastos — numerosos; ceifa — corta: a morte corta
 à toa numerosos (soldados).

VII

Epígrafe:

> *O esposo, do qual ninguém se lembra,*
> *Vem;*
> *Ele vai punir tua vida infame,*
> *Mulher!*
>
> V. HUGO

◆ ◆ ◆

hibernal: de inverno.
indômito: indomável.
pressurosa e torva: apressada e sinistra.
destra: mão direita.
da usança ao brinde: o brinde de costume.
ferro: a arma, a espada.
Porque tão grande: para que tão grande.
Debalde: em vão.
golfeja: sai em golfadas.
sinistro: esquerdo.
alçado: levantado.
matiza: colore.
entorna: inclina.
tão bem: também.
fagueiras feições: meigos, delicados traços.
zelos: ciúmes.
No peito de sofrer cansado e cheio: no peito inchado e cansado de sofrer.
minaz: ameaçador. Palavra poética.

Poesias diversas

A leviana

Souvent femme varie,
Bien fol est qui s'y fie.

FRANCISCO I

És engraçada e formosa
    Como a rosa,
Como a rosa em mês d'Abril;
És como a nuvem doirada
    Deslizada,
Deslizada em céus d'anil.

Tu és vária e melindrosa,
    Qual formosa
Borboleta num jardim,
Que as flores todas afaga,
    E divaga
Em devaneio sem fim.

És pura, como uma estrela
    Doce e bela,
Que treme incerta no mar:
Mostras nos olhos tua alma
    Terna e calma,
Como a luz d'almo luar.

Tuas formas tão donosas,
    Tão airosas,
Formas da terra não são;
Pareces anjo formoso,
    Vaporoso,
Vindo da etérea mansão.

Assim, beijar-te receio,
Contra o seio
Eu tremo de te apertar:
Pois me parece que um beijo
É sobejo
Para o teu corpo quebrar.

Mas não digas que és só minha!
Passa asinha
A vida, como a ventura;
Que te não vejam brincando,
E folgando
Sobre a minha sepultura.

Tal os sepulcros colora
Bela aurora
De fulgores radiante;
Tal a vaga mariposa
Brinca e pousa
Dum cadáver no semblante.

◆ ◆ ◆

LEVIANA: maliciosa, no sentido de 'encantadora'.

Epígrafe:

Frequentemente a mulher varia,
Muito louco é quem nela se fia.
FRANCISCO I

se fia: confia nela.
Francisco I: não identificado. Há vários monarcas com esse nome, se traduzido para o português. Em Portugal não houve nenhum. Pode tratar-se, também, de título ou personagem de texto literário.

◆ ◆ ◆

divaga: devaneia, sonha.
d'almo: de encantador; padrão fônico lusitanizante?
donosas: graciosas, belas.
airosas: elegantes, esbeltas.
etérea mansão: o céu.
o seio: o peito masculino.
sobejo: suficiente.
asinha: depressa; arcaísmo.
vaga: vagueante.

Poema feito para a garota de catorze anos Ana Amélia Ferreira do Vale, cunhada e prima do amigo Alexandre Teófilo. Mais tarde, Ana e o poeta viveram um namoro com muito amor.

❧

A minha Musa

Gratia, Musa, tibi; nam tu solatia praebes
OVÍDIO

Minha Musa não é como ninfa
Que se eleva das águas — gentil —
Co'um sorriso nos lábios mimosos,
Com requebros, com ar senhoril.

Nem lhe pousa nas faces redondas
Dos fagueiros anelos a cor;
Nesta terra não tem uma esp'rança,
Nesta terra não tem um amor.

Como fada de meigos encantos,
Não habita um palácio encantado,
Quer em meio de matas sombrias,
Quer à beira do mar levantado.

Não tem ela uma senda florida,
De perfumes, de flores bem cheia,
Onde vague com passos incertos,
Quando o céu de luzeiros se arreia.

———

Não é como a de Horácio a minha Musa;
Nos soberbos alpendres dos Senhores
      Não é que ela reside;
Ao banquete do grande em lauta mesa,
Onde gira o falerno em taças d'oiro,
      Não é que ela preside.

Ela ama a solidão, ama o silêncio,
Ama o prado florido, a selva umbrosa
      E da rola o carpir.
Ela ama a viração da tarde amena,

O sussurro das águas, os acentos
De profundo sentir.

D'Anacreonte o gênio prazenteiro,
Que de flores cingia a fronte calva
Em brilhante festim,
Tomando inspirações à doce amada,
Que leda lh'enflorava a ebúrnea lira;
De que me serve, a mim?

Canções que a turba nutre, inspira, exalta
Nas cordas magoadas me não pousam
Da lira de marfim.
Correm meus dias, lacrimosos, tristes,
Como a noite que estende as negras asas
Por céu negro e sem fim.

É triste a minha Musa, como é triste
O sincero verter d'amargo pranto
D'órfã singela;
É triste como o som que a brisa espalha
Que cicia nas folhas do arvoredo
Por noite bela.

É triste como o som que o sino ao longe
Vai perder na extensão d'ameno prado
Da tarde no cair,
Quando nasce o silêncio involto em trevas,
Quando os astros derramam sobre a terra
Merencório luzir.

Ela então, sem destino, erra por vales,
Erra por altos montes, onde a enxada
Fundo e fundo cavou;
E pára; perto, jovial pastora
Cantando passa — e ela cisma ainda
Depois que esta passou.

Além — da choça humilde s'ergue o fumo
Que em risonha espiral se eleva às nuvens
Da noite entre os vapores;
Muge solto o rebanho; e lento o passo,
Cantando em voz sonora, porém baixa,
Vem andando os pastores.

Outras vezes também, no cemitério,
Incerta volte o passo, soletrando
     Recordações da vida;
Roça o negro cipreste, calca o musgo,
Que o tempo fez brotar por entre as fendas
     Da pedra carcomida.

Então corre o meu pranto muito e muito
Sobre as úmidas cordas da minha Harpa,
     Que não ressoam;
Não choro os mortos, não; choro os meus dias,
Tão sentidos, tão longos, tão amargos,
     Que em vão se escoam.

Nesse pobre cemitério
     Quem já me dera um lugar!
Esta vida mal vivida
     Quem já me dera acabar!

Tenho inveja ao pegureiro,
     Da pastora invejo a vida,
Invejo o sono dos mortos
     Sob a laje carcomida,

Se qual pegão tormentoso,
     O sopro da desventura
Vai bater potente à porta
     De sumida sepultura;

Uma voz não lhe responde,
     Não lhe responde um gemido,
Não lhe responde uma prece,
     Um ai — do peito sentido.

Já não têm voz com que falem,
     Já não têm que padecer;
No passar da vida à morte
     Foi seu extremo sofrer.

Que lh'importa a desventura?
     Ela passou, qual gemido
Da brisa em meio da mata
     De verde alecrim florido.

Quem me dera ser como eles!
Quem me dera descansar!

Nesse pobre cemitério
Quem me dera o meu lugar,
E co'os sons das Harpas d'anjos
Da minha Harpa os sons casar!

♦ ♦ ♦

Epígrafe:

O' Musa, graças a ti (sejam dadas),
pois és tu que nos ofereces consolos.
OVÍDIO

Ovídio: Publius Ovidius Naso (43 a.C. - 17 d.C.). Poeta latino, autor de *Metamorfoses* e *Arte de Amar*.

♦ ♦ ♦

ninfa: figura mitológica que habita os rios.
requebros: inflexões lânguidas da voz, dos olhos e do corpo.
fagueiros anelos: agradáveis, meigos anseios.
mar levantado: mar cavado, picado e áspero.
senda: caminho, estrada.
de luzeiros se arreia: de astros se enfeita.
Horácio: Quintus Horatius Flaccus, poeta latino (65? 68? a.C.). Autor de
    Sátiras e de *Arte Poética*.
lauta: farta.
falerno: antigo vinho de Falerno, território da Campânia — Itália; vinho
    bom, generoso.
umbrosa: sombria.
carpir: chorar.
viração: aragem, brisa.
Anacreonte: Poeta grego (560-478 a.C.), autor de *Odes*. (poemas de louvor
    ou exaltação).
prazenteiro: que causa prazer, que agrada.
festim: festa com banquete.
ebúrnea lira: lira (instrumento de cordas, usado pelos poetas/cantores da
    Antiguidade); ebúrnea: de marfim.
turba: muitas pessoas, multidão, povo.
cicia: murmura.
Merencório: variante de 'melancólico'.
erra: vaga, anda sem destino.
choça: cabana.
fumo: fumaça.
vapores: palavra somente usada no plural, com este sentido: entorpecimento.
calca: pisa.
carcomida: corroída.
pegão: grande pé-de-vento.

Desejo

E poi morir.
METASTÁSIO

Ah! que eu não morra sem provar, ao menos
Sequer por um instante, nesta vida
    Amor igual ao meu!
Dá, Senhor Deus, que eu sobre a terra encontre
Um anjo, uma mulher, uma obra tua,
    Que sinta o meu sentir;
Uma alma que me entenda, irmã da minha,
Que escute o meu silêncio, que me siga
    Dos ares na amplidão!
Que em laço estreito unidas, juntas, presas,
Deixando a terra e o lodo, aos céus remontem
Num êxtase de amor!

♦ ♦ ♦

Epígrafe:
E depois morrer.
METASTÁSIO

Metastásio: Pietro Metastásio (1698-1782), poeta italiano. Escreveu tragédias
    musicais.

Dos ares na amplidão!: na amplidão dos ares.

Seus olhos

Oh! rouvre tes grands yeux dont la paupière tremble,
Tes yeux pleins de langueur;
Leur regard est si beau quand nous sommes ensemble!
Rouvre-les; ce regard manque à ma vie, il semble
Que tu fermes ton coeur.
TURQUETY

Seus olhos tão negros, tão belos, tão puros,
De vivo luzir,

Estrelas incertas, que as águas dormentes
    Do mar vão ferir;

Seus olhos tão negros, tão belos, tão puros,
    Tem meiga expressão,
Mais doce que a brisa, — mais doce que o nauta
De noite cantando, — mais doce que a frauta
    Quebrando a soidão.

Seus olhos tão negros, tão belos, tão puros,
    De vivo luzir,
São meigos infantes, gentis, engraçados
    Brincando a sorrir.

São meigos, infantes, brincando, saltando
    Em jogo infantil,
Inquietos, travessos; — causando tormento,
Com beijos nos pagam a dor de um momento,
    Com modo gentil.

Seus olhos tão negros, tão belos, tão puros,
    Assim é que são;
Às vezes luzindo, serenos, tranquilos,
    Às vezes, vulcão!

Às vezes, oh! sim, derramam tão fraco,
    Tão frouxo brilhar,
Que a mim me parece que o ar lhes falece,
E os olhos tão meigos, que o pranto umedece
    Me fazem chorar;

Assim lindo infante, que dorme tranquilo,
    Desperta a chorar;
E mudo e sisudo, cismando mil coisas,
    Não pensa — a pensar.

Nas almas tão puras da virgem, do infante,
    Às vezes do céu
Cai doce harmonia duma Harpa celeste,
Um vago desejo; e a mente se veste
    De pranto co'um véu.

Quer sejam saudades, quer sejam desejos
    Da pátria melhor;

Eu amo seus olhos que choram sem causa
Um pranto sem dor.

Eu amo seus olhos tão negros, tão puros,
De vivo fulgor;
Seus olhos que exprimem tão doce harmonia,
Que falam de amores com tanta poesia,
Com tanto pudor.

Seus olhos tão negros, tão belos, tão puros,
Assim é que são;
Eu amo esses olhos que falam de amores
Com tanta paixão.

❖ ❖ ❖

Epígrafe: *Oh! abre outra vez teus grandes olhos cujas pálpebras tremem,*
Teus olhos cheios de langor;
O olhar deles é tão belo quando estamos juntos!
Abre-os outra vez; esse olhar falta à minha vida, parece
Que fechas teu coração.

TURQUETY

Turquety: poeta francês (1807-1867). Ele inspirou várias epígrafes a Gonçalves Dias.

❖ ❖ ❖

frauta: forma mais antiga de 'flauta'.
soidão: solidão; forma arcaizada.
infantes: crianças.
engraçados: graciosos.
pátria melhor: o céu.

Poema dedicado à mesma pessoa a quem foi dedicado o "A leviana". Nele ressalta o estribilho (mesmo verso repetido em várias estrofes) que resume os principais elementos caracterizadores dos olhos amados: negros, belos e puros. A metáfora preferida pelo poeta em relação a eles é 'meninos' — gentis, graciosos, inquietos e travessos, brincando a sorrir. A imagem da infância remete a duas situações: a pouca idade da dona dos olhos, e a expressividade, a pureza de criança que transmitem. Assim, os olhos da amada falam — com poesia — de amor e paixão, introduzindo no poema a ideia do amor marcado pela pureza de sentimentos, tão cara ao romantismo.

Inocência

Sans nommer le nom qu'il faut bénir et taire.
S. BEUVE

Ó meu anjo, vem correndo,
Vem tremendo
Lançar-te nos braços meus;
Vem depressa, que a lembrança
Da tardança
Me aviva os rigores teus.

Do teu rosto, qual marfim,
De carmim
Tinge um nada a cor mimosa;
É belo o pudor, mas choro,
E deploro
Que assim sejas medrosa.

Por inocente tens medo
De tão cedo,
De tão cedo ter amor;
Mas sabe que a formosura
Pouco dura,
Pouco dura, como a flor.

Corre a vida pressurosa,
Como a rosa,
Como a rosa na corrente.
Amanhã terás amor?
Como a flor,
Como a flor fenece a gente.

Hoje ainda és tu donzela
Pura e bela,
Cheia de meigo pudor;
Amanhã menos ardente
De repente
Talvez sintas meus amor.

◆ ◆ ◆

Epígrafe:

Sem nomear o nome que é preciso abençoar e calar.
S. BEUVE

S. Beuve: Charles Augustin Saint-Beuve (1804-1869), crítico e poeta francês. Foi amigo de Victor Hugo e, depois, amante de sua mulher.

❖ ❖ ❖

rigores: severidade, inflexibilidade.
Tinge um nada a cor mimosa: a cor mimosa (o carmim) tinge um pouco, isto é, colore (as faces) de cor-de-rosa.
fenece: murcha.
　　Poema escrito em Coimbra e inspirado na garota Engrácia, a quem namorou em 1842.

Pedido

Ontem no baile
Não me atendias!
Não me atendias,
Quando eu falava.

De mim bem longe
Teu pensamento!
Teu pensamento,
Bem longe errava.

Eu vi teus olhos
Sobre outros olhos!
Sobre outros olhos,
Que eu odiava.

Tu lhe sorriste
Com tal sorriso!
Com tal sorriso,
Que apunhalava.

Tu lhe falaste
Com voz tão doce!
Com voz tão doce,
Que me matava.

Oh! não lhe fales,
Não lhe sorrias!
Se então só qu'rias
Exp'rimentar-me.

Oh! não lhe fales,
Não lhe sorrias!
Não lhe sorrias,
Que era matar-me.

♦ ♦ ♦

Se então só qu'rias/Exp'rimentar-me: Se então só querias/Experimentar-me;
padrão fônico lusitanizante.

⤳⤶

O desengano

Já vigílias passei namorado,
Doces hora d'insônia passei,
Já meus olhos, d'amor fascinado,
Em ver só meu amor empreguei.
Meu amor era puro, extremoso,
Era amor que meu peito sentia,
Eram lavas de um fogo teimoso,
Eram notas de meiga harmonia.

Harmonia era ouvir sua voz,
Era ver seu sorriso harmonia;
E os seus modos e gestos e ditos
Eram graças, perfume e magia.

─────────

E o que era o teu amor, que me embalava
Mais do que meigos sons de meiga lira?
Um dia o decifrou — não mais que um dia
Fingimento e mentira!

Tão belo o nosso amor! — foi só de um dia,
Como uma flor!
Por que tão cedo o talismã quebraste
Do nosso amor?
Por que num só instante assim partiste
Essa anosa cadeia?
De bom grado a sofreste! essa lembrança
Inda hoje me recreia.

Quão insensato fui! — busquei firmeza.
Qual em ondas de areia movediça,
Na mulher, — não achei!
E da esp'rança, que eu via tão donosa
Sorrir dentro em minha alma, as longas asas
Doido e néscio cortei!

E tu vás caprichosa prosseguindo
Essa esteira de amor, que julgas cheia
De flores bem gentis;
Podes ir, que os meus olhos te não vejam;
Longe, longe de mim, mas que em minha alma
Eu sinta qu'és feliz.

Podes ir, que é desfeito o nosso laço,
Podes ir, que o teu nome nos meus lábios
Nunca mais soará!
Sim, vai; — mas este amor que me atormenta,
Que tão grato me foi, que me é tão duro,
Comigo morrerá!

Tão belo o nosso amor! — foi só de um dia
Como uma flor!
Oh! que bem cedo o talismã quebraste
Do nosso amor!

♦ ♦ ♦

namorado: enamorado, apaixonado.
extremoso: dedicado.
Era anosa cadeia?: Era velha a corrente?
néscio: tolo, idiota.

Minha vida e meus amores

Mon Dieu, fais que je puisse aimer!
S. BEUVE

Quando, no albor da vida, fascinado
Com tanta luz e brilho e pompa e galas,

Vi o mundo sorrir-me esperançoso:
— Meu Deus, disse entre mim, oh! quanto é doce.

Quanto é bela esta vida assim vivida! —
Agora, logo, aqui, além, notando
Uma pedra, uma flor, uma lindeza,
Um seixo da corrente, uma conchinha
    A beira-mar colhida!

Foi esta a infância minha; a juventude
Falou-me ao coração: — amemos, disse,
    Porque amar é viver.
E esta era linda, como é linda a aurora
No fresco da manhã tingindo as nuvens
    De rósea cor fagueira;
Aquela tinha um quê de anelos meigos.
    Artífice sublime;
Feiticeiro sorrir dos lábios dela
Prendeu-me o coração; — julguei-o ao menos.
Aquela outra sorria tristemente,
Como um anjo no exílio, ou como o cálix
De flor pendida e murcha e já sem brilho.
Humilde flor tão bela e tão cheirosa,
No seu deserto perfumando os ventos.
— Eu morrera feliz, dizia eu d'alma,
Se pudesse enxertar uma esperança
Naquela alma tão pura e tão formosa,
E um alegre sorrir nos lábios dela.

A fugaz borboleta as flores todas
Elege, e liba e uma e outra, e foge
Sempre em novos amores elevada:
Neste meu paraíso fui com ela,
Inconstante vagando em mar de amores.

O amor sincero e fundo e firme e eterno,
Como o mar em bonança meigo e doce,
Do templo como a luz perene e santo,
Não, nunca o senti; — somente o viço
Tão forte dos meus anos, por amores
Tão fáceis quanto indi'nos fui trocando.
Quanto fui louco, ó Deus! — Em vez do fruto
Sazonado e maduro, que eu podia

Como em jardim colher, mordi no fruto
Pútrido e amargo e rebuçado em cinzas.
Como infante glutão, que se não senta
    À mesa de seus pais.

    Dá, meu Deus, que eu possa amar,
    Dá que eu sinta uma paixão,
    Torna-me virgem minha alma,
    E virgem meu coração.

Um dia em qu'eu sentei-me junto dela,
Sua voz murmurou nos meus ouvidos,
— Eu te amo! — Ó anjo, que não possa eu crer-te!
Ela, certo, não é mulher que vive
Nas fezes da desonra, em cujos lábios
Só mentira e traição eterno habitam.
Tem uma alma inocente, em rosto belo,
E amor nos olhos... — mas não posso crê-la.
    Dá, meu Deus, que eu possa amar,
    Dá que eu sinta uma paixão;
    Torna-me virgem minha alma,
    E virgem meu coração.

Outra vez que lá fui, que a vi, que a medo
Terna voz lhe escutei: — Sonhei contigo! —
Inefável prazer banhou meu peito,
Senti delícias; mas a sós comigo
Pensei — talvez! — e já não pude crê-la.
Ela tão meiga e tão cheia de encantos,
Ela tão nova, tão pura e tão bela...
    Amar-me! — Eu que sou?
Meus olhos enxergam, em quanto duvida
Minha alma sem crença, de força exaurida,
    Já farta da vida,
    Que amor não doirou.

    Mau grado meu, crer não posso,
    Mau grado meu que assim é;
    Queres ligar-te comigo
    Sem no amor ter crença e fé?

    Antes vai colar teu rosto,
    Colar teu seio nevado

Contra o rosto mudo e frio,
Contra o seio dum finado.

Ou suplica a Deus comigo
Que me dê uma paixão;
Que dê crença à minha alma,
E vida ao meu coração.

♦ ♦ ♦

Epígrafe: *Meu Deus, faça com que eu possa amar!*
                                                S. BEUVE

♦ ♦ ♦

albor: claridade, início.
entre mim: comigo.
seixo: pedra pequena.
cálix: variante de 'cálice'.
d'alma: de coração.
liba: sorve, suga.
viço: vivacidade, força.
indi'nos: indignos; padrão arcaizante.
sazonado: pronto para colher.
Pútrido: apodrecido.
rebuçado: coberto, envolvido.
fezes: borra, sedimento; 'Nas fezes da desonra' — 'afundada na desonra'.
Inefável: indizível.

❧

Recordação

Nessun maggior dolore...
DANTE

Quando em meu peito as aflições rebentam
Eivadas de sofrer acerbo e duro;
Quando a desgraça o coração me arrocha
Em círculos de ferro, com tal força,
Que dele o sangue em borbotões golfeja;
Quando minha alma de sofrer cansada,

Bem que afeita a sofrer, sequer não pode
Clamar: Senhor piedade; — e que os meus olhos
Rebeldes, uma lágrima não vertem
Do mar d'angústias que o meu peito oprime:

Volvo aos instantes de ventura, e penso
Que a sós contigo em prática serena,
Melhor futuro me augurava, as doces
Palavras tuas, sôfregos, atentos
Sorvendo meus ouvidos, — nos teus olhos
Lendo os meus olhos tanto amor, que a vida
Longa, bem longa, não bastara ainda
Porque de os ver me saciasse!... O pranto
Então dos olhos meus corre espontâneo,
Que não mais te verei. — Em tal pensando
De martírios calar sinto em meu peito
Tão grande plenitude, que a minha alma
Sente amargo prazer de quanto sofre.

◆ ◆ ◆

Epígrafe:

Nenhuma dor maior...
DANTE

Dante: Dante Alighieri (1265-1321). O maior poeta italiano, autor de *A divina comédia.*

◆ ◆ ◆

Eivadas: vocábulo derivado de 'eivas', isto é, 'manchas num fruto que começa a apodrecer'; 'aflições eivadas de sofrer' — 'aflições deterioradas pelo sofrimento'.
acerbo: amargo.
afeita: acostumada.
augurava: predizia.
sôfregos: ansiosos; refere-se a 'ouvidos'.
Porque: para que.

☙❧

Tristeza

Que leda noite! — Este ar embalsamado,
Este silêncio harmônico da terra
Que sereno prazer n'alma cansada
Não espreme, não filtra, não difunde?
A brisa lá sussurra na folhagem
D'espessas matas, d'árvores robustas,
Que velam sempre e sós, que a Deus elevam
Misterioso coro, que do Bardo
A crença quase morta inda alimenta.
É esta a hora mágica de encantos,
Hora d'inspirações dos céus descidas,
Que em delírio de amor aos céus remontam.

Aqui da vida as lástimas infindas,
Do mirrado egoísmo a voz ruidosa
Não chegam nem soluços, risos, festas,
— Hilaridade vã de turba incauta,
Néscia de ruim futuro; ou queixa amarga
De decrépito velho, enfermo, exangue,
Nem do mancebo os ais doídos, preso
Ao leito do sofrer na flor da vida.

Aqui reina o silêncio, o religioso,
Morno sossego, que povoa as ruínas,
E o mausoléu soberbo, carcomido,
E o templo majestoso, em cuja nave
Suspira ainda a nota maviosa,
O derradeiro arfar d'órgão solene.
Em puro céu a lua resplandece,
Melancólica e pura, semelhando
Gentil viúva que pranteia o extinto,
O belo esposo amado, e vem de noite,
Vivendo pelo amor, mau grado a morte,
Ferventes orações chorar sobre ele.

Eu amo o céu assim, sem uma estrela,
Azul sem mancha, — a lua equilibrada
Num céu de nuvens, e o frescor da tarde,
E o silêncio da noite adormecida,
Que imagens vagas de prazer desenha.

Amo tudo o que dá no peito e n'alma
Tréguas ao recordar, tréguas ao pranto,
À v'emência da dor, à pertinácia
Tenaz e acerba de cruéis lembranças;
Amo estar só com Deus, porque nos homens
Achar não pude amor, nem pude ao menos
Sinal de compaixão achar entre eles.

Menti! — um inda achei; mas este em ócio
Feliz descansa agora, enquanto ao ventos
E ao cru furor das verde-negras ondas
Da minha vida a barca aventureira
Insano confiei; em céu diverso
Luzem com luz diversa estrelas d'ambos .
Ai! triste, que houve tempo em que eu julgava
As duas uma só, — c'o mesmo brilho
Uma e outra nos céus meigas brilhavam!
Hoje cintila a dele, enquanto a minha
Entre nuvens, sem luz, se perde agora.
Meu Deus, foi bom assim! No imenso pego
Mais uma gota d'amargor que importa?
Que importa o fel da taça do absinto,
Ou uma dor de mais onde outras reinam?

♦ ♦ ♦

leda: alegre.
Bardo: poeta, trovador.
turba incauta: muitas pessoas descuidadas.
mausoléu soberbo, carcomido: sepultura imponente, estragada.
nave: espaço na igreja, desde a entrada até o altar, ou que fica entre fileiras
    de colunas que sustentam a abóbada (teto arqueado).
maviosa: suave.
órgão: o instrumento musical.
v'emência: veemência, intensidade; padrão fônico lusitanizante?
pertinácia: insistência.
Tenaz: pertinaz, obstinada, aferrada.
acerba: amarga.
7ª estrofe, 3-5 versos: e confiei insano a barca aventureira da minha vida ao
    intenso furor das ondas verde-negras.
d'ambos: de ambos; parece referir-se ao homem em quem confiou e à barca
    da vida.
pego: a parte mais profunda de um rio ou mar.

absinto: bebida alcoólica muito amarga, preparada com a planta do mesmo nome. Era muito consumida pelos boêmios do século XIX.

ॐॐ

O Trovador

*Ele cantava tudo o que merece
de ser cantado; o que há na terra
de grande e de santo — o amor e
a virtude.*

Numa terra antigamente
Existia um Trovador;
Na Lira sua inocente
Só cantava o seu amor.

Nenhum sarau se acabava
Sem a Lira de marfim,
Pois cantar tão alto e doce
Nunca alguém ouvira assim.

E quer donzela, quer dona,
Que sentira comoção
Pular-lhe n'alma, escutando
Do Trovador a canção;

De jasmins e de açucenas
A fronte sua adornou;
Mas só a rosa da amada
Na Lira amante poisou.

E o Trovador conheceu
Que era traído — por fim;
Pôs-se a andar, e só se ouvia
Nos seus lábios: ai de mim!

Enlutou de negro fumo
A rosa de seu amor,
Que meia oculta se via
Na gorra do Trovador;

Como virgem bela, morta
Da idade na linda flor,
Que parece, o dó trajando,
Inda sorrir-se de amor.

No meio do seu caminho
   Gentil donzela encontrou:
Canta — disse; e as cordas d'oiro
   Vibrando, o triste cantou.

"Teu rosto engraçado e belo
   Tem a lindeza da flor;
Mas é risonho o teu rosto:
   Não tens de sentir amor!

Mas tão bem por esse dia
   Que viverás, como a flor,
Mimosa, engraçada e bela,
   Não tens de sentir amor!

Oh! não queiras, por Deus, homem que tenha
Tingida a larga testa de palor;
Sente fundo a paixão, — e tu no mundo
   Não tens de sentir amor!

Sorriso jovial te enfeita os lábios,
Nas faces de jasmim tens rósea cor;
Fundo amor não se ri, não é corado...
   Não tens de sentir amor;

Mas se queres amar, eu te aconselho,
Que não guerreiro, escolhe um trovador,
Que não tem um punhal, quando é traído,
   Que vingue o seu amor."

Do Trovador pelo rosto
   Torva raiva se espalhou,
E a Lira sua, tremendo,
   Sem cordas d'oiro ficou.

Mais além no seu caminho
   Donzel garboso encontrou:
Canta — disse: e argênteas cordas
   Pulsando, o triste cantou.

"Aos homens da mulher enganam sempre
   O sorriso, o amor;
É este breve, como é breve aquele
   Sorriso enganador.

Teu peito por amor, Donzel, suspira,

Que é de jovens amar a formosura;
Mas sabe que a mulher, que amor te jura,
Dos lindos lábios seus cospe a mentira!

Já frenético amor cantei na lira,
Delícias já sorvi num seu sorriso,
Já venturas fruí do paraíso,
Em terna voz de amor, que era mentira!

O amor é como a aragem que murmura
Da tarde no cair — pela folhagem;
Não volta o mesmo amor à formosura
Bem como nunca volta a mesma aragem.

Não queiras amar, não; pois que a 'sperança
Se arroja além do amor por largo espaço.
Tens, brilhando ao sol, a forte lança,
Tens longa espada cintilante d'aço.

Tens a fina armadura de Milão,
Tens luzente e brilhante capacete,
Tens adaga e punhal e bracelete
E, qual lúcido espelho, o morrião.
Tens fogoso corcel todo arreiado,
Que mais veloz que os ventos sorve a terra;
Tens pajens, tens varletes e escudeiros
E a marcha afoita, apercebida em guerra
Do luzido esquadrão de mil guerreiros.

Oh! não queiras amar! — Como entre a neve
O gigante vulcão borbulha e ferve
E sulfúrea chama pelos ares lança,
Que após o seu cair torna-se fria;
Assim tu acharás petrificada,
Bem como a lava ardente do vulcão,
A lava que teu peito consumia
No peito da mulher — ou cinza ou nada —
Não frio, mas gelado o coração!"

E o Trovador despeitoso
    De prata as cordas quebrou,
E nas de chumbo seu fado
    A lastimar começou.

"Que triste que é neste mundo
      O fado dum Trovador!
Que triste que é! — bem que tenha
      Sua Lira e seu amor.

Quando em festejos descanta,
      Rasgado o peito com dor,
Mimoso tem de cantar
      Na sua Lira — o amor!

Como a um servo vil ordena
      Um orgulhoso Senhor,
Canta, diz-lhe; quero ouvir-te:
      Quero descantes de amor!

Diz-lhe o guerreiro, que apenas
      Lidou em justas de amor:
— Minha dama quer ouvir-te,
      Canta, truão Trovador! —

Manda a mulher que nos deixa
De beijos murchada flor:
— Canta, truão, quero ouvir-te,
      Um terno canto de amor!

Mas se a mulher, que ele adora
      Atraiçoa o seu amor;
Embalde busca a seu lado
      Um punhal — o Trovador!

Se escuta palavras dela,
      Que a outros juram amor;
Embalde busca a seu lado
      Um punhal — o Trovador!

Se vê luzir de alguns lábios
      Um sorriso mofador;
Embalde busca a seu lado
      Um punhal — o Trovador!

Que triste que é neste mundo
      O fado dum Trovador!
Pesar lhe dá sua Lira,
      Dá-lhe pesar seu amor!"

E o Trovador neste ponto
A corda extrema arrancou:
E num marco do caminho
A Lira sua quebrou:
Ninguém mais a voz sentida
Do Trovador escutou!

♦ ♦ ♦

gorra: gorro.
dó: luto.
engraçado: gracioso.
tão bem: também.
palor: palidez.
Donzel: rapaz. Arcaísmo.
argênteas: de prata.
"Aos homens da mulher enganam sempre/"O sorriso, o amor: O sorriso (e) o amor da mulher enganam sempre aos homens.
"Que é de jovens: porque é (próprio) dos jovens.
fruí: desfrutei.
'sperança: esperança; padrão fônico brasileiro.
morrião: antigo capacete sem viseira e com o tope enfeitado.
justas: lutas, disputas medievais; arcaísmo.
varletes: criados; arcaísmo.
afoita: corajosa.
sulfúrea: sulfurosa (relativo ao enxofre).
fado: destino.
descanta: canta ao som de um instrumento.
descantes: cantigas populares acompanhadas de um instrumento.
Lidou: lutou.
truão: palhaço, bobo (da corte).
De beijos murchada flor: flor murchada de beijos.
Embalde: debalde, em vão.
mofador: de zombaria.

Amor! Delírio — engano

Y el llanto que en su cólera derrama,
La hoguera apaga del antiguo amor!
ZORRILLA

Amor! delírio — engano... Sobre a terra
Amor tão bem fruí; a vida inteira
Concentrei num só ponto — amá-la, e sempre.
Amei! — dedicação, ternura, extremos
Cismou meu coração, cismou minha alma,
— Minha alma que na taça da ventura
Vida breve d'amor sorveu gostosa.
Eu e ela, ambos nós, na terra ingrata
Oásis, paraíso, éden ou templo
Habitávamos uma hora; e logo o tempo
Com a foice roaz quebrou-lhe o encanto,
Doce encanto que o amor nos fabricara.

E eu sempre a via!... quer nas nuvens d'oiro,
Quando ia o sol nas vagas sepultar-se,
Ou quer na branca nuvem que velava
O círculo da lua, — quer no manto
D'alvacenta neblina que baixava
Sobre as folhas do bosque, muda e grave,
Da tarde no cair; nos céus, na terra,
A ela, a ela só, viam meus olhos.

Seu nome, sua voz — ouvia eu sempre;
Ouvia-os no gemer da parda rola,
No trépido correr da veia argêntea,
No respirar da brisa, no sussurro
Do arvoredo frondoso, na harmonia
Dos astros inefável; — o seu nome!
Nos fugitivos sons de alguma frauta,
Que da noite o silêncio realçavam,
Os ares e a amplidão divinizando,
Ouviam meus ouvidos; e de ouvi-lo
Arfava de prazer meu peito ardente.

Ah! quantas vezes, quantas! junto dela
Não senti sua mão tremer na minha;
Não lhe escutei um lânguido suspiro,
Que vinha lá do peito à flor dos lábios
Deslizar-se e morrer?! Dos seus cabelos
A mágica fragrância respirando,
Escutando-lhe a voz doce e pausada,
Mil venturas colhi dos lábios dela,

Que instantes de prazer me futuravam.
Cada sorriso seu era uma esp'rança,
E cada esp'rança enlouquecer de amores.
E eu amei tanto! — Oh! não! não hão de os homens
Saber que amor, à ingrata, havia eu dado;
Que afetos melindrosos, que em meu peito
Tinha eu guardado para ornar-lhe a fronte!
Oh! não, — morra comigo o meu segredo;
Rebelde o coração murmure embora.

Que de vezes, pensando a sós comigo,
Não disse eu entre mim: — Anjo formoso,
Da minha vida que farei, se acaso
Faltar-me o teu amor um só instante;
— Eu que só vivo por te amar, que apenas
O que sinto por ti a custo exprimo?
No mundo que farei, como estrangeiro
Pelas vagas cruéis à praia inóspita
Exânime arrojado? — Eu, que isto disse,
Existo e penso — e não morri, — não morro
Do que outrora senti, do que ora sinto,
De pensar nela, de a rever em sonhos,
Do que fui, do que sou e ser podia!

Existo; e ela de mim jaz esquecida!
Esquecida talvez de amor tamanho,
Derramando talvez noutros ouvidos
Frases doces de amor, que dos seus lábios
Tantas vezes ouvi, — que tantas vezes
Em êxtasis divino aos céus me alçaram,
— Que dando à terra ingrata o que era terra
Minha alma além das nuvens transportaram.
Existo! como outrora, no meu peito
Férvido o coração pular sentindo,
Todo o fogo da vida derramando
Em queixas mulheris, em moles versos.

E ela!... ela talvez nos braços doutrem
Com sua vida alimenta uma outra vida,
Com o seu coração o de outro amante,
Que mais feliz do que eu inferno! a goza.
Ela, que eu respeitei, que eu venerava

Como a relíquia santa! — a quem meus olhos,
Receando ofendê-la, tantas vezes
De castos e de humildes se abaixaram!
Ela, perante quem sentia eu presa
A voz nos lábios e a paixão no peito!
Ela, ídolo meu, a quem o orgulho,
A força d'homem, o sentir, vontade
Própria e minha dediquei, — sujeita
À voz de alguém que não sou eu, — desperta,
Talvez no instante em que de mim se lembra,
Por um ósculo frio, por carícias
Devidas dum esposo!...

                 Oh! não poder-te,
Abutre roedor, cruel ciúme,
Tua funda raiz e a imagem dela
No peito em sangue espedaçar raivoso!

Mas tu, cruel, que és meu rival, numa hora,
Em que ela só julgar-se, hás de escutar-lhe
Um quebrado suspiro do imo peito,
Que d'eras já passadas se recorda.
Hás de escutá-lo, e ver-lhe a cor do rosto
Enrubescer-se ao deparar contigo!
Presa serás também d'atros cuidados,
Terás ciúme, e sofrerás qual sofro:
Nem menor que o meu mal quero a vingança.

◆ ◆ ◆

Epígrafe:
                       E o pranto que em sua cólera derrama,
                             A fogueira apaga do antigo amor!
                                  ZORRILLA

Zorrilla: José Zorrilla (1817-1893), poeta espanhol. Suas obras reveem as
     tradições da Espanha.
extremos: cuidados.
Minha alma que na taça da ventura / Vida breve d'amor sorveu gostosa:
     Minha alma sorveu com prazer (uma) vida breve de amor na taça da
     felicidade; 'd'amor' — padrão fônico lusitanizante?
roaz: roedora, devastadora.
vagas: ondas.
velava: encobria.
veia argêntea: água prateada — metáfora de 'rio', ou 'cachoeira'.

Que da noite o silêncio realçavam: Os sons realçavam o silêncio da noite.
Ouviam meus ouvidos: o objeto direto de 'ouviam' é 'seu nome' (no 6º verso).
futuravam: prediziam, prognosticavam.
espr'ança: esperança; padrão fônico lusitanizante?
melindrosos: sem malícia, puros.
Rebelde o coração murmure embora: Embora o coração rebelde murmure.
Que de: quantas.
como estrangeiro/Pelas vagas cruéis à praia inóspita/Exânime arrojado?: como náufrago/lançado sem forças, pelas ondas cruéis, à praia em que não se pode viver?
e ela de mim jaz esquecida!: e ela fica esquecida de mim!, ela me esquece!.
êxtasis: êxtase. Foi usada a forma latina.
transportaram: o sujeito deste e de outros verbos anteriores é 'frases doces'.
mulheris: típicas das mulheres.
moles: sensíveis.
ósculo: beijo.
penúltima estrofe, três últimos versos: entenda-se: Oh!, cruel ciúme (que é) abutre roedor; (lamento eu) não poder espedaçar tua funda raiz e a imagem da amada, no (meu) peito em sangue, com raiva.
ela só julgar-se: ela achar que está sozinha.
Um quebrado suspiro do imo peito: Um cansado suspiro do mais fundo do peito.
d'eras: de épocas; padrão fônico lusitanizante?
d'atros cuidados: de tenebrosas preocupações; d'atros — padrão fônico lusitanizante?

Delírio

Quando dormimos, o nosso espírito vela.
ÉSQUILO

A noite quando durmo, esclarecendo
　　As trevas do meu sono,
Uma etérea visão vem assentar-se
　　Junto ao meu leito aflito!
Anjo ou mulher? não sei. — Ah! se não fosse
　　Um qual véu transparente,
Como que a alma pura ali se pinta
　　Ao través do semblante,
Eu a crera mulher... — E tentas, louco,
　　Recordar o passado
Transformando o prazer, que desfrutaste,
　　Em lentas agonias?!

Visão, fatal visão, por que derramas
    Sobre o meu rosto pálido
A luz de um longo olhar, que amor exprime
    E pede compaixão?
Por que teu coração exala uns fundos,
    Magoados suspiros,
Que eu não escuto, mas que vejo e sinto
    Nos teus lábios morrer?
Por que esse gesto e mórbida postura
    De macerado espírito,
Que vive entre aflições, que já nem sabe
    Desfrutar um prazer?

Tu falas! tu que dizes? este acento,
    Esta voz melindrosa,
Noutros tempos ouvi, porém mais leda;
    Era um hino d'amor.
A voz, que escuto, é magoada e triste,
    — Harmonia celeste,
Que à noite vem nas asas do silêncio
    Umedecer as faces
Do que enxerga outra vida além das nuvens.
    Esta voz não é sua;
É acorde talvez d'harpa celeste,
    Caído sobre a terra!

Balbucias uns sons, que eu mal percebo,
    Doridos, compassados,
Fracos, mais fracos; — lágrimas despontam
    Nos teus olhos brilhantes...
Choras! tu choras!... Para mim teus braços
    Por força irresistível
Estendem-se, procuram-me; procuro-te
    Em delírio afanoso.
Fatídico poder entre nós ambos
    Ergueu alta barreira;
Ele te enlaça e prende... mal resistes...
    Cedes enfim... acordo!

Acordo do meu sonho tormentoso,
    E choro o meu sonhar!
E fecho os olhos, e de novo intento

O sonho reatar.
Embalde! Porque a vida me tem preso;
E eu sou escravo seu!
Acordado ou dormindo, é triste a vida
Desque o amor se perdeu.
Há contudo prazer em nos lembrarmos
Da passada ventura,
Como o que educa flores vicejantes
Em triste sepultura.

♦ ♦ ♦

Ésquilo: teatrólogo grego (525 - 4 56 a.C.). Autor de sete tragédias conhecidas, como a trilogia Oréstia.

♦ ♦ ♦

Um qual: qual um.
Ao través: através.
crera: acreditara que era.
macerado: torturado.
acento: entonação, sotaque.
doridos: doloridos.
afanoso: ansioso.
Desque: dês que, desde que; arcaísmo.
educa: aclima, cultiva.

ᕮᕭ

Epicédio

Passa la bella donna e par che dorma.
TASSO

Seu rosto pálido e belo
Já não tem vida nem cor!
Sobre ele a morte descansa,
Involta em baço palor

Cerraram-se olhos tão puros,
Que tinham tanto fulgor;
Coração que tanto amava
Já hoje não sente amor;

Que o anjo belo da morte
A par desse anjo baixou!
Trocaram brandas palavras,
Que Deus somente escutou.

Ventura, prazer, ledice
Duma outra vida contou;
E o anjo puro da terra
Prazer da terra enjeitou.

Depois co'as asas candentes
O formoso anjo do céu
Roçou-lhe a face mimosa,
Cobriu-lhe o rosto co'um véu.

Depois o corpo engraçado
Deixou à terra sem vida,
De tênue palor coberto,
— Verniz de estátua esquecida.

E bela assim, como um lírio
Murcho da sesta ao ardor,
Teve a inocência dos anjos,
Tendo o viver duma flor.

Foi breve! — mas a desgraça
A testa não lhe enrugou,
E aos pés do Deus que a criara
Alma inda virgem levou.

Sai da larva a borboleta,
Sai da rocha o diamante,
De um cadáver mudo e frio
Sai uma alma radiante.

Não choremos essa morte,
Não choremos casos tais;
Quando a terra perde um justo,
Conta um anjo o céu de mais.

◆ ◆ ◆

EPICÉDIO: poema em que se celebram as qualidades de uma pessoa morta.

Epígrafe: *Passa a bela mulher e parece que dorme.*
TASSO

Tasso: Torquato Tasso (1544-1595), poeta italiano. Autor da epopeia *Jerusalém Libertada*.

♦ ♦ ♦

baço palor: embaçada palidez.

ledice: alegria.

asas candentes: asas ardorosas. Parece tratar-se de engano do poeta. Talvez seja 'asas cadentes', isto é, que vão abaixando (para roçar a face).

engraçado: gracioso.

৵৵৶

Sofrimento

Meu Deus, Senhor meu Deus, o que há no mundo
    Que não seja sofrer?
O homem nasce, vive um só instante,
    E sofre até morrer!

A flor ao menos, nesse breve espaço
    Do seu doce viver,
Encanta os ares com celeste aroma,
    Querida até morrer.

É breve o romper d'alva, mas ao menos
    Traz consigo prazer;
E o homem nasce e vive um só instante:
    E sofre até morrer!

Meu peito de gemer já está cansado,
    Meus olhos de chorar;
E eu sofro ainda, e já não posso alívio
    Sequer no pranto achar!

Já farto de viver, em meia vida,
    Quebrado pela dor,
Meus anos hei passado, uns após outros,
    Sem paz e sem amor.

O amor que eu tanto amava do imo peito,
    Que nunca pude achar,
Que embalde procurei, na flor, na planta,
    No prado, e terra, e mar!

E agora o que sou eu? — Pálido espectro,
    Que da campa fugiu;
Flor ceifada em botão; imagem triste
    De um ente que existiu...

Não escutes, meu Deus, esta blasfêmia;
    Perdão, Senhor, perdão!
Minha alma sinto ainda, — sinto, escuto
    Bater-me o coração.

Quando roja meu corpo sobre a terra,
    Quando me aflige a dor,
Minha alma aos céus se eleva, como o incenso,
    Como o aroma da flor.

E eu bendigo o teu nome eterno e santo,
    Bendigo a minha dor,
Que vai além da terra aos céus infindos
    Prender-me ao criador.

Bendigo o nome teu; que uma outra vida
    Me fez descortinar,
Uma outra vida, onde não já só trevas,
    E nem há só pensar.

♦ ♦ ♦

campa: sepultura.
Quando roja meu corpo sobre a terra: Quando meu corpo se arrasta sobre a
    terra. Metáfora de 'sentir-se desesperado', 'estar sofrendo muito'.
infindos: infinitos.
descortinar: avistar

❧❧

Visões

I
PRODÍGIO

Naquele instante em que vacila a mente
Do sono ao despertar, quando pejada
Vem doutros mundos de visões etéreas;
Quando sobre a manhã surge brilhante

A luz da madrugada, — eu vi!... nem sonhos
Era a minha visão, real não era;
Mas tinha d'ambos o talvez. — Quem sabe?
Foi capricho falaz da fantasia,
Ou foi certo aventar d'eras venturas?

A ira do Senhor baixou tremenda
Sobre uma vasta capital! — em pedra
Tornou-se a gente impura. Muitos homens
As portas férreas, largas, vi sentados.
Melhor do que um pintor ou estatuário
A morte, que de súbito os colhera
No ardor, no afã da vida, conservou-lhes
A ação — partida em meio, com tal força,
Que a mente seu mau grado a completava.
Um tinha os lábios entreabertos; outro
Parecia sorrir; mais longe aquele
Derramava um segredo, baixo, à medo,
Nos ouvidos do amigo; austero o guarda
Com rosto carregado e barba hirsuta,
Nas mãos calosas sopesava a lança.
Dos mercadores na comprida rua
Passavam muitos compradores; — este
Contava montes d'oiro; — à luz aquele
Expunha a seda do Indostão, de Tiro
A púrpura brilhante, a damasquina
Custosa tela entretecida d'oiro.
Cortês sorrindo, o mercador gabava
As cores vivas, o tecido, o corpo
Do estofo que vendia. Nos serralhos
Era o Eunuco imperfeito; das Mesquitas
Brandava à prece o Muezim...

                          — Num largo,
Fofo e vasto divã sentado, um velho
Os versos lia do Alcorão; — só ele
Dentre tanto punir ficara ileso.

II
A CRUZ

Era um templo d'arábica estrutura,
Majestoso, e elegante; — além das nuvens
Se entranhava nos céus sutil a agulha;

Sobre o zimbório retumbante e vasto
Ondas e ondas de vapor cresciam.
Dentro corriam três compridas naves
Sobre dois renques de colunas, onde
Baixos-relevos da sagrada história
Da base ao capitel se emaranhavam.
Ardia a luz na alâmpada sagrada;
No sagrado instrumento o som dormia.

Junto à cruz — da fachada egrégia pompa —
Muitos homens eu vi de torvo aspecto;
Muitos outros, servis, com mão armada
Profundos golpes entalhavam nela,
Um daqueles no entanto assim falava:

"Quando esta humilde cruz rojar por terra,
Levando a crença de Jesus consigo,
Nós outros, da verdade Sacerdotes,
Nós Doutores do mundo, nós Luzeiros
Que desvendamos a impostura, o erro,
A mentira sagaz, a crença louca,
Entrada fácil da razão no templo
Teremos todos, e de então no trono,
Do néscio vulgo imparciais sob'ranos,
Santos juízes da verdade santa,
Pregaremos o justo, a paz, concórdia
E os seus deveres que dimanam fáceis
Do amor do lucro e do interesse; todos
— Vassalos da razão, nossos vassalos —
Um éden terreal farão do mundo."

No entanto aos crebros golpes do machado
A cruz pendia oblíqua sobre a terra.
Criando novas forças com tal vista.
Os operários mais frequentes golpes
Repetem, vibram, continuam; — soa
Por toda a parte o eco, — o som, mais longe,
Retumba, morre — e novamente ecoa.
Nisto a cruz — geme — estrala; um grito sobe
Uníssono e geral!...
                    Como sois grande,
Senhor, Senhor meu Deus! — Eu vi, morrendo,
Os obreiros cair; e a cruz erguer-se,

Como aos raios do sol a flor mimosa
Que a raiva do tufão vergara insana.

III
PASSAMENTO

Era um quarto espaçoso; — ali se viam
Rojar no pavimento, há pouco, as sedas,
Ricos tapetes multicor bordados,
E franjas complicadas dum céu d'oiro
Pendentes, — vastos rases narradores
De lenda pia ou de briosos feitos.
Mas de tanto luzir, de tanto ornato
Ora por mãos avaras depredado
O vasto d'área revelava aos olhos,
Tendo num canto escuro um leito apenas.
Do leito alguém rasgara o cortinado.
E da curva armação polida e bela,
Aqui, ali, pendia a seda em fios,
Bem como tranças de mulher formosa
Por sobre o seio nu. — Ali no leito
Jazia um moribundo; em torno os olhos
Cheios de pasmo e de terror volvia,
Bebendo pelos sôfregos ouvidos
Mal sentido rumor doutro aposento.
Confusas vozes, altercar ruidoso,
E o tinir de metal ouvia apenas!
Então por vezes três no leito aflito
Erguer-se maquinou de raiva insano!
Por três vezes caiu, gemendo, sobre
O leito que da queda se sentia.

Da morte o cru torpor nos membros frios
Pouco e pouco s'espalha; mas teimoso
Da vida o amor debate-se nas ânsias
Desse passo fatal...

               — Eis nisto à porta
Um Padre assoma, — dentre as mãos erguidas
Da hóstia santa resplendor luzia;
E palavras de paz, de amor, divinas,
Que nos lábios do justo Deus entorna,
Abundantes soltava. Longos anos

De pieuoso soffer o eterno
Alquebraram por fim; as cãs nevadas
Raras tremiam sobre a testa, como
Tremia na garganta a voz cansada.
Dizia o bom do velho: — "Irmão, nas ânsias,
No extremo agonizar da morte amiga
Ergue os olhos ao céu; — do céu te venha
Esse divino amor, que só lá mora,
Que filtra por nossa alma, que nos deixa
Mais celeste prazer, mais doce arroubo,
Do que a terra sói dar...

                       Infames, tredos,
Bufarinheiros de palavras, corvos
De negro, feio agoiro, que esvoaçam
Com grito grasnador por sobre o campo,
Onde a peleja de reinar começa;
Dizes-me tu — a mim! a mim que ao foro
Caminho inda hoje entre alas de clientes,
Enquanto vives de burel coberto,
Co'os lábios sobre o pó mordendo a terra!
Dizes-me tu a mim!..."

                       Ergueu-se, o corpo
Caiu de fraco sobre o leito; o velho
No entanto humilde orava, que alma santa
Do mal cabido insulto não se ofende.

    Jeová, que entre miríades
    Vives de estrelas formosas,
    Que das flores melindrosas
    Da terra — os anjos formaste;
    Jeová, que pela água
    Lustrar quiseste o Messias,
    Que ao beato, ao santo Elias
    Na chamas purificaste;
    Jeová, que a mente apuras
    No fogo do sofrimento,
    Que divino, alto portento
    Deste fazer à Moisés,
    Quando a negra rocha dura
    Tocando co'a tênue vara,
    Rebentou a linfa clara.
    Lambendo-lhe mansa os pés:

Jeová, que és e só existes,[*]
Cujo ser em si se encerra,
Que formaste o céu e a terra,
Que te chamas — o que é,[*]
— Faz, Senhor d'altos prodígios,
Com que a mente empedernida
Não se aparte desta vida
Sem sentir a santa fé.

E tu, Cristo, que sofreste
Martírios por nosso amor,
Tu que foste o Salvador,
Salva-o, Senhor, por quem és.
Dá que em palavras piedosas
Se derrame contristado,
Como o rochedo tocado
Pela vara de Moisés.

E o confuso rumor do outro aposento
Crescia mais e mais. — Do moribundo
Os cúpidos herdeiros dividiam
Por si a vasta herança; os torvos olhos
Iam de rosto a rosto, fuzilando
      Ameaças de morte.

No entanto o velho exânime e sem forças
Curtia amargos transes, que avarento,
E tendo a vida inútil presa a terra
Com toda a força d'alma, — agora em ânsias
Sentia o hálito vital fugir-lhe,
      E a terra abandoná-lo.

Estua-lhe a dor no peito aflito!...
Só não chorava, que do pranto a fonte
Jazia extinta; mas pensava triste:
— Não tinha alguém que lhe cerrasse os olhos
Nem quem chorando lhe abrandasse o amargo
      Do extremo agonizar.

E a mente, já medrosa, em feio quadro
Lhe pintava os seus feitos; — a vingança,

---

[*] *Ego sum qui sum.*

Que tão grande prazer lhe tinha sido,
Ora em martírios se tornava; a chusma
Dos homicídios seus crescia torva,
    E no leito o cercava.

Crença infantil! dizia; loucos, cegos
Prejuízos do vulgo; — assim dizendo
Os vãos fantasmas repelir buscava.
Mas a crença infantil, os prejuízos
Do néscio vulgo, ríspidos tornavam,
    Como inseto importuno.

Debalde por não ver cerrava os olhos,
Sobre os olhos debalde as mãos cruzava,
Que as sombras nos ouvidos lhe falavam,
E mais distintas se pintavam n'alma
— Tão bem molesta, qual se pinta o corpo
    Do espelho no polido.

E do seu passamento o caso infando
Narrava uma após outra, sobre o peito
Mostrando o golpe fúnebre e cruento;
Sorvendo o fel da taça amarga o enfermo
Parecia sorrir!... era qual louco
    Que sofre e um riso finge.

E das visões indo a fugir se arroja
De sobre o leito delirante; as sombras
Voam sobre ele, e em círculo se ordenam.
O moribundo a esta, a aquela, a todas
Volve o pávido rosto, no mover-se
    Progressivo, incessante.

E preso ao duro embate da vertigem,
As mestas sombras ao redor com ele
Fugir sentia; o pavimento, a casa
Rápido rodava; a terra e tudo,
Como aos soluços dum vulcão tremendo,
    As forças lhe tolhiam.

E o orgulhoso que feliz vivera,
Movendo a seu bom grado mil escravos,
Querendo a terra dominar co'um gesto,
Ora mesquinho, solitário e louco,

Face a face, lutando com seus crimes,
Morria impenitente.

IV

*Era o vulto de um homem morto que afastando o
sudário se ia erguer do túmulo para revelar alguns dos
temerosos mistérios, que encerra a aparente quietação
dos sepulcros.*
O PRESBÍTERO

O negrume da noite avulta; e cresce
    Mais feia a escuridão
À luz da sacra pira que derrama
    Frouxo e tíbio clarão.

Calou-se o canto, a prece, — é mudo o templo;
    Apenas fraco soa
Da torre o bronze, que a noturna brisa
    De rumores povoa.

Mas eis que de um sepulcro a pedra fria
    S'ergue e sobre outras cai.
Não se escuta rumor! — da campa livre
    Medroso espectro sai.

O rosto ossificado em torno volve,
    Volve a suja caveira;
Do liso crânio os longos dedos varrem
    A fúnebre poeira.

Mas inda inteiro o coração se via
    Do peito nas cavernas,
Inda sangrento lágrimas chorava
    Do negro sangue eternas.

E caminhando, qual se move a sombra,
    Ao órgão se assentou!
Já não dormem os sons, não dormem ecos...
    — O triste assim cantou:

"Onde estás, meu amor, meus encantos,
Por quem só me pesava morrer,
Doce encanto que a vida me prendes,
Que inda em morto me fazes sofrer?

Doce amor, minha vida no mundo,
Desse mundo em que parte serás;
Em que cismas, que pensas, que fazes,
Onde estás, meu amor, onde estás?

Ah! debalde na campa gelada
Fria morte me pôde deitar!
Foi debalde, — que eu sinto, que eu ardo;
Foi debalde, — que eu amo a penar.

Ah! se eu triste no mundo pudesse
Como outrora viver, respirar...
Não soubera dizer-te os ardores
Que o sepulcro não pôde apagar.

Onde estás? — Já da morte o bafejo
Por teu rosto divino roçou;
Já na campa descansas finada,
Que o teu corpo sem vida tragou?

Mas a morte não pôde impiedosa
Crua foice vibrar contra ti!
Ah! tu vives, que eu sinto, que eu sofro
Crus ardores quais sempre sofri.

E eu não posso o teu nome à noitinha
Entre as folhas saudoso cantar,
Nem seguir-te nas asas da brisa,
Nem teu sono de sonhos doirar.

Nem lembrar-te os queridos instantes
Que a teu lado arroubado passei,
Sem cuidados de incerto futuro,
Só ruidoso da vida que amei.

Não te lembras da noite homicida
Em que um ferro meu peito varou,
Quando a fácil conversa de amores
Teu marido cioso quebrou?!

Desde então hei penado sozinho,
Verte sangue meu peito — de então;
Pôde a morte acabar-me a existência,
Mas delir-me não pôde a paixão!

Nosso adúltero afeto no mundo
Não se acaba; — assim quis o Senhor!

Não se acaba... — qu'importa? — hei gozado
Teus encantos gentis, teu amor.

Por te amar outras fráguas sofrera,
Outros transes e dor e penar;
Oh! poder que eu pudesse outra vida
E outro inferno sofrer por te amar!"

Mas da aurora já raiava
    Macio e brando clarão;
Macia e branda a canção
    Do negro espectro soava.

E medroso se colava
    Ao órgão seu negro véu,
Que imiga não se ajuntava
    Ao seu vulto a luz do céu.

Pouco a pouco se perdia
    O negro espectro; a canção
Pouco a pouco enfraquecia:
    Do dia ao tênue clarão,

Era o cantar um soído
    Fraco, incerto e duvidoso;
Era o vulto pavoroso
    Duma sombra vão tremido.

V
A MORTE

> *Dans sa douleur elle se trouvait*
> *malheurese d'être immortelle.*
> FÉNÉLON

Da aurora vinha nascendo
O grato e belo clarão;
Eu sonhava! já mais brandos
Eram meus sonhos então.

Condensou-se o ar num ponto,
Cresceu o sutil vapor;
Vi formada uma beleza,
Cheia de encantos, de amor.

Mas na candura do rosto

Não se pintava o carmim;
Tinha um quê de cera junto
À nitidez do marfim.

— "Quem és tu, visão celeste
Belo Arcanjo do Senhor?"
Respondeu-me: — "Sou a Morte,
Cru fantasma de terror!"

— Ah lhe tornei: És a morte,
Tão formosa e tão cruel!
— Correndo o mundo sozinha
No meu pálido corcel,* —

Assim dizia — "Tu julgas
Que não tenho coração,
Que executo os meus deveres
Sem pesar, sem aflição?

— Que inda em flor da vida arranco
Ao jovem, sem compaixão,
A donzela pudibunda
Ou ao longevo ancião?

— Oh! não, que eu sofro martírios
Do que faço ao mais sofrer,
Sofro dor de que outros morrem,
De que eu não posso morrer;

— Mas em parte a dor me cura
Um pensamento, que é meu, —
Lembro aos humanos que a terra
É só passagem pra o céu.

— Faço ao triste erguer os olhos
Para a celeste mansão;
Em lábios que nunca oraram
Derramo pia oração.

— É meu poder quem apura
Os vícios que a mente encerra,
      Ao fogo da minha dor;
Sou quem prendo aos céus a terra,

---

* *Et ecce equus pallidus, et qui sedebat super illum nomen illi Mors. Apocalipse, c. VI.*

Sou quem ligo a criatura
Ao ser do seu Criador.

— Mas qu'importa? Sem descanso
É-me forçoso marchar,
Abater ímpias frontes,
Régias frontes decepar.

— Passar ao través dos homens,
Como um vento abrasador;
Como entre o feno maduro
A foice do segador.

— E prostrar uma após outra
Geração e geração,
Como peste que só reina
Em meio da solidão." —

Desponta o sol radioso
Entre nuvens de carmim;
Cessa o canto pesaroso,
Como corda áurea de Lira,
Que se parte, que suspira
Dando um gemido sem fim.

♦ ♦ ♦

I

PRODÍGIO: milagre.
Do sono ao despertar, quando pejada/Vem doutros mundos de visões
etéreas: (a mente), ao despertar do sono, quando vem carregada de
visões etéreas de outros mundos.
falaz: enganoso.
Ou foi certo aventar d'eras venturas?: Ou foi um acenar de venturas passadas?
em pedra/Tornou-se a gente impura: O povo impuro foi transformado em pedra.
seu mau grado: com má vontade.
carregado: fechado, sério.
hirsuta: de pelos longos, duros e espessos.
sopesava: segurava.
Indostão: Índia. Nome antigo.
Tiro: cidade antiga, na rota da seda.
damasquina: de Damasco, capital da Síria.
tela: tecido.
o corpo/Do estofo que vendia: a qualidade do corpo que vendia. Trata-se de
um vendedor de mulheres.

serralhos: haréns.

Eunuco: castrado, encarregado de vigiar as mulheres do harém.

Muezim: mouro que anuncia, em voz alta, do alto dos minaretes (torres dos templos árabes), a hora das preces.

Alcorão: o livro sagrado dos maometanos.

II

agulha: espécie de torre pontiaguda.

zimbório: a parte superior, geralmente convexa, que arremata a cúpula de uma igreja; domo.

renques: fileiras.

baixos-relevos: esculturas que se salientam em muito pouco da superfície que lhes serve de fundo.

capitel: arremate superior, geralmente esculturado, de pilastra, balaústre, etc.

alâmpada: lamparina.

egrégia: admirável, notável.

torvo: triste.

servis: escravos, trabalhadores.

da razão no templo: no templo da razão.

vulgo: povo.

sob'ranos: soberanos; padrão fônico lusitanizante?

dimanam: brotam, derivam.

éden terreal: paraíso terrestre.

crebros: frequentes, repetidos.

obreiros: operários.

III

PASSAMENTO: morte, isto é, os momentos que correspondem à transposição da vida para a morte.

rases: arrases — tapeçarias antigas e valiosas fabricadas em Arrás, França.

pia: pura.

briosos: orgulhosos.

altercar: discutir.

Erguer-se maquinou de raiva insano!: maquinou (planejou) erguer-se louco de raiva!

passo: acontecimento.

Que nos lábios do justo Deus entorna: que Deus entorna nos lábios do homem íntegro.

cãs: cabelos brancos.

sói: costuma; arcaísmo.

tredos: traiçoeiros.

bufarinheiros: vendedores ambulantes de bufarinhas (objetos de pouco valor); camelôs.

grasnador: que grasna; 'grasnar' é a emissão de ruído do corvo.

peleja: combate.

foro: fórum.

burel: capuz.

Jeová, que entre miríades/Vives de estrelas formosas,: Deus, que vives entre milhares de estrelas formosas.

Lustrar quiseste o Messias: Quiseste batizar a Jesus.

Elias: profeta bíblico, que foi arrebatado ao céu em um carro de fogo.

portento: milagre.

Moisés: segundo a Bíblia, o condutor do povo judeu para a Terra Prometida. Deus fez o milagre de tirar água de uma rocha para matar a sede do povo, quando Moisés a tocou com uma vara.

linfa: água.

o que é: "Ego sum qui sum", frase bíblica, pronunciada por Deus ao lhe ser perguntado quem era: — Eu sou aquele que sou, quer dizer, Deus.

empedernida: teimosa, endurecida.

contristado: arrependido.

cúpidos: ambiciosos.

hálito vital: respiração.

Estua-lhe: espalha-lhe.

chusma: quantidade.

tão bem molesta: também doente.

Do espelho no polido: Na superfície do espelho.

infando: nefando, indigno de se nomear.

uma após outra: repetidamente.

Sorvendo o fel da taça amarga: expressão que significa 'sofrer demasiadamente'. Referência ao fato de Cristo, na cruz, ao pedir água, lhe ter sido dado fel.

pávido: agitado.

mestas: vocábulos não encontrado: mistas, misturadas?

Ora: agora.

impenitente: pecador, persistente nos erros e crimes.

IV

presbítero: monge. Referência ao romance do escritor português Alexandre Herculano, pertencente ao romantismo, Eurico, o Presbítero.

avulta: aumenta.

sacra pira: sagrada fogueira.

tíbio: morno.

bronze: sino.

Do peito nas cavernas: Nas cavernas do peito.

arroubado: extasiado.

cioso: ciumento.

Mas delir-me não pôde a paixão: mas não pôde apagar minha paixão.

fráguas: amarguras, penas.

transes: tormentos.

soído: som.

Duma sombra vão tremido: Falso tremor de uma sombra.

V

Epígrafe:

*Em sua dor ela se achava
infeliz de ser imortal.*

FÉNÉLON

❖ ❖ ❖

Fénélon: François de Salignac de La Mothe-Fénélon (1651-1715). Escritor francês, autor de *Telêmaco*.

❖ ❖ ❖

tornei: respondi.

No meu pálido corcel: Referência à figura da morte, no livro bíblico *Apocalipse*, citado: E eis o cavalo branco, e quem o cavalgava chamava-se 'Morte'.

pudibunda: pudica, envergonhada.

longevo: duradouro, muito idoso.

pia: pura.

segador: ceifador, que faz a colheita.

❧

O vate

NO ÁLBUM DE UM POETA

*Moi... j'aimerai ta victoire;
Pour mon cœur, ami de toute gloire,
Les triomphes d'autrui ne sont pas un affront.
Poète, j'eus toujours un chant pour les poètes,
Et jamais le laurier qui pare d'autres têtes
Ne jeta d'ombre sur mon front.*

V. HUGO

Vate! vate! que és tu? — Nos seus extremos
Fadou-te Deus um coração de amores,
Fadou-te uma alma acesa borbulhando
Ardidos pensamentos, como a lava
Que o gigante Vesúvio arroja às nuvens.

Vate! vate! que és tu? — Foste ao princípio
    Sacerdote e profeta;
Eram nos céus teus cantos uma prece,
    Na terra um vaticínio.
E ele cantava então: — Jeová me disse,
    Majestoso e terrível.

"Vês tu Jerusalém como orgulhosa
Campeia entre as nações, como no Líbano
Um cedro a cuja sombra a hissope cresce?
Breve a minha ira transformada em raios
Sobre ela cairá;
Um fero vencedor dentro em seus muros
Tributária a fará;
E quando escravos seus filhos, sobre pedra
Pedra não ficará."

E os réprobos de saco se vestiam,
Em pó, em cinza envoltos;
E colando co'a terra os torpes lábios,
E açoitando co'as mãos o peito imbele,
Senhor! Senhor! — clamavam.

E o vate entanto o pálido semblante
Meditabundo sobre as mãos firmava,
Suplicando ao Senhor do interno d'alma.
Foram santos então. — Homero o mundo
Criou segunda vez, — o inferno o Dante, —
Milton o paraíso, — foram grandes!

E hoje!... em nosso exílio erramos tristes,
Mimosa esp'rança ao infeliz legando,
Maldizendo a soberba, o crime, os vícios;
E o infeliz se consola, e o grande treme.
Damos ao infante aqui do pão que temos,
E o manto além ao mísero raquítico;
Somos hoje Cristãos.

◆ ◆ ◆

VATE: poeta.

Epígrafe:

Eu... amarei tua vitória;
Para meu coração, amigo de toda glória,
Os triunfos dos outros não são uma afronta.
Poeta, sempre tive uma canção para os poetas,
E jamais o loureiro que enfeita outras cabeças
Projetou sombra em minha fronte.

V. HUGO

◆ ◆ ◆

Fadou-te: destinou-te.

vaticínio: predição, profecia.

3ª estrofe: referência bíblica a Jerusalém, castigada por Deus com a destruição.

a hissope: erro de grafia; o hissopo — espécie de planta. 'Hissope' é 'aspersório', instrumento do ritual católico para exorcismos.

fero: valente.

Tributária: que paga tributo; tributo — o que um Estado paga a outro em sinal de dependência.

réprobos: condenados.

imbele: fraco, que não é guerreiro.

Meditabundo: meditativo.

Homero: poeta épico grego do IX século a.C., tido como autor da *Ilíada* e da *Odisseia*.

Dante: autor de *A divina comédia*, que tem uma parte chamada "Inferno".

Milton: John Milton (1608-1674), poeta inglês, autor de *Paraíso perdido*.

soberba: orgulho.

campeia: é reconhecida.

❧

À morte prematura...
Da Il.ma S.ra D. ...
(NO ÁLBUM DE SEU IRMÃO DR. J. D. LISBOA SERRA)

On dirait que le ciel aux coeurs plus magnanimes
Mesure plus de maux.
LAMARTINE

Perfeita formosura em tenra idade
Qual flor, que antecipada foi colhida,
Murchada está da mão da sorte dura.
CAMÕES, "Soneto"

Lá, bem longe daqui, em tarde amena,
Gozando a viração das frescas auras,
Que do Brasil os bosques brandamente
Faziam balançar, — e que espalhavam
No éter encantado odor, pureza —
Do que a rosa mais bela, — meiga e casta,
  Como as virgens do sol,
Que de vezes não foi ela pendente
Dos braços fraternais em meigo abraço;
Como mimosa flor presa, enlaçada

A tenro arbusto que a vergôntea débil
    Lhe ampara docemente!...

E o Irmão que só nela se revia,
O Irmão que a adorava, qual se adora
    Um mimo do Senhor;
Que a tinha por farol, conforto e guia,
Os seus dias contava por encantos;
E as virtudes co'os dias pleiteavam.

E ela morreu no viço de seus anos!...
E a lajem fria e muda dos sepulcros
Se fechou sobre o ente esmorecido
    Ao despontar de vida
Tão rica de esperanças e tão cheia
    De formosura e graças!...

Campa! campa! que de terror incutes!
Quanto esse teu silêncio me horroriza!
E quanto se assemelha a tua calma
À do cruel malvado que impassível
Contempla a sua vítima torcer-se
Em convulsões horríveis, desesp'radas;
    Cruas vascas da morte!...
    Quem tão má fé te criou?
Tu que tragas o ente que esmorece
    Ao despontar de vida
Tão rica de esperanças e tão cheia
    De formosura e graças?!

O farol se apagou! a luz sumiu-se!
Como o fugaz clarão do meteoro,
Extinguiu-se a esperança; e o malfadado
Sobre a terra deserta em vão procura
Traços dessa que amou, que tanto o amara,
Da jovem companheira de seus brincos,
    Pesares e alegrias.
Ele a procura!... o viajor pasmado
Nos campos de Pompeia, alonga a vista
    Pela amplidão do praino,
Destroços e ruínas encontrando,
Onde esperava movimento e vida.

Não poder eu a troco de meu sangue
Poupar-te dessas lágrimas metade!
Oh! poder que eu pudesse! — e almo sorriso.
Que tanto me compraz ver-te nos lábios,
Inda uma vez brilhasse!
E essa existência,
Que tão cara me é, ta visse eu leda,
E feliz como a vida dos Arcanjos!
Infeliz é quem chora: ela finou-se,
Porque os anjos à terra não pertencem;
Mas lá dos imortais sobre os teus dias
A suspirada irmã vela incessante.

Vinde, cândidas rosas, açucenas,
Vinde, roxas saudades;
Orvalhai, tristes lágrimas, as c'roas,
Que hão de a campa adornar por mim depostas
Em holocausto à vítima da morte.
Inocência, pudor beleza e graça
Com ela nessa campa adormeceram.
Anjo no coração, anjo no rosto,
Devera o amor chorar sobre o teu seio,
Que não grinaldas fúnebres tecer-te;
Devera voz d'esposo acalentar-te
O sono da inocência, — não grosseira
Canção de trovador não conhecido.

Coimbra, junho de 1841.

◆ ◆ ◆

Ilma. Sra. D. ...: Ilustríssima Senhora D. Leonor Francisca Lisboa Serra.
Dr. J. D. Lisboa Serra: Dr. João Duarte Lisboa Serra, grande amigo do poeta.
Foi deputado pelo Maranhão, governador da Bahia e presidente do
Banco do Brasil. Ainda estudante, Serra o acolheu em Coimbra, evitan-
do que o poeta tivesse de voltar para o Brasil, devido à falência de sua
família. O poeta lhe dedicou mais dois poemas neste livro.

Epígrafe:
Dir-se-ia que o céu aos corações mais magnânimos
Proporciona mais males.
LAMARTINE

Lamartine: Alphonse de Lamartine (1790-1869), poeta francês, autor de
Jocelyn.

Camões: Luís Vaz de Camões (1525-1580), o mais famoso poeta português, autor de *Os Lusíadas*.

◆ ◆ ◆

viração: aragem.
auras: ventos.
éter: espaço aéreo.
Que de vezes: quantas vezes.
vergôntea débil: haste fraca.
que de terror incutes: quanto terror provocas.
vascas: ânsia excessiva, estertor.
brincos: brinquedos.
Pompeia: cidade italiana, completamente destruída na Antiguidade por um vulcão.
praino: planície, praia.
almo: encantador.
ta visse eu leda: eu visse a existência alegre em ti.
holocausto: sacrifício.
devera: deveria.
Esse poema é de 1841 e foi escrito em Portugal. É o mais antigo do livro.

&∾⌒∾

A mendiga

> *Donnez: —*
> *Et quand vous paraîtrez devant juge austère*
> *Vous direz: J'ai connu la pitié sur la terre,*
> *Je puis la demander aux cieux!*
>
> TURQUETY

I

Eu sonhei durante a noite...
Que triste foi meu sonhar!
Era uma noite medonha,
estrelas, sem luar.

E ao través do manto escuro
Das trevas, meus olhos viam
Triste mendiga formosa,
Qu'infortúnios consumiam.

Era uma pobre mendiga,
Porém, cândida donzela;

Pudibunda, afável, doce,
    Amorosa, e casta, e bela.

Vestia rotos andrajos,
    Que o seu corpo mal cobriam;
Por vergonha os olhos dela
    Sobre ela se não volviam.

Pelas costas descobertas
    Cortador o frio entrava;
Tinha fome e sede, — e o pranto
    Nos seus olhos borbulhava.

E qual vemos dos céus descendo rápido
    Um fugaz meteoro, vi descendo
Um anjo do Senhor; — parou sobre ela,
    E mudo a contemplava. — Uma tristeza

Simpática, indizível pouco e pouco
Do anjo nas feições se foi pintando:
Qual tristeza de irmão que a irmã mais nova
Conhece enferma e chora. — Ela no peito
Menor sentiu a dor, e humilde orava.

II

De um vasto edifício nas frias escadas
Eu vi-a sentada; — era um templo, diziam,
Secreto concílio de sócios piedosos,
Que o bem tinha juntos, que bem só faziam.

Defronte um palácio soberbo se erguia,
E dele partia confuso rumor:
— A dança girava, e a orquestra sonora
Cantava alegria, prazeres e amor.

E quando ao palácio um conviva chegava,
Rugindo se abria o ruidoso portão;
Eflúvios de incenso nos ares corriam
Da rua esteirada com vivo clarão.

E a triste mendiga ali 'stava ao relento,
Com fome, com frio, com sede e com dor;
E eu vi o seu anjo, mais triste no aspecto,
Mais baço, mais turvo da glória o fulgor.

E à porta do vasto sombrio edifício
    Um vulto chegou.
— Senhor, uma esmola! bradou-lhe a mendiga
    E o vulto parou.

E rude no acento, no aspecto severo,
    Lhe disse: — O teu nome?
Tornou-lhe a mendiga: — Senhor, uma esmola,
    Que eu morro de fome.

— Não, dizes teu nome? lhe torna o soberbo
    — Sou órfã, sozinha;
Meu nome qu'importa, se eu sofro, se eu gemo,
    Se eu choro mesquinha!"

— Em vis meretrizes não cabe esse orgulho,
    Tornou-lhe o Senhor,
Que à noite, nas trevas, contratam no crime,
    Vendendo o pudor.

E a porta do templo — erguido à piedade
    Com força batia;
Co'o peso do insulto acrescido à crueza,
    A triste gemia.

III

Ouvi depois um rodar que a todo o instante
Mais distinto se ouvia; e logo um forte,
Fascinador clarão por toda a rua
Se derramou soberbo. — Infindos pajens
Ricas librés trajando, mil archotes
Nos ares revolviam; — fortes, rápidos,
Fumegantes corcéis, sorvendo a terra,
Tiravam rica sege melindrosa.
Sobre a terra saltou airosa e bela
A dona, em frente do festivo paço;
E a mendiga bradou: — Senhora minha,
Dai uma esmola, dai! — À voz dorida
Volveu-se o rosto d'anjo, porém d'anjo
Não era o coração; — foi-lhe importuno,
Mais que importuno... da mesquinha o grito!
E da mendiga o protetor celeste

Parecia falar em favor dela;
E a rica dona o escutava, como
Se ouvisse a interna voz que dentro mora.

E eu dizia também — Ó bela Dona,
Dai-lhe uma esmola, dai; — de que vos serve
Um óbolo mesquinha, que não pode
Sequer um dixe sem valor comprar-vos?
Ah! bela como sois, que vos importam
Custosas flores, com que ornais a fronte?
Para a salvar do vórtice do crime,
O preço delas, uma só, da coisa,
Que sem valor julgardes, é bastante.
Sabeis? — Além da vida, além da morte,
Quando deixardes o oiropel na campa,
Quando subirdes do Senhor ao trono,
Sem andrajos sequer, também mendiga,
Ali tereis as lágrimas do pobre,
A bênção do afligido, a prece ardente
Do que sofrendo vos bendisse, — ó Dona...
....

Fechou-se a porta festival sobre ela!
E a donzela se ergueu, corou de pejo,
Lançando os olhos pela rua escusa,
E segura no andar, e firme, à porta
Do palácio bateu — entrou — sumiu-se.

E o anjo, como aflito sob um peso,
Um gemido soltou; era uma nota
Melancólica e triste, era um suspiro
Mavioso de virgem, — um soído
Sutil, mimoso, como d'Harpa Eólia,
Que a brisa da manhã roçou medrosa.

IV

Dos muros ao través meus olhos viram
Soberba roda de convivas, — todos
Veludos, sedas, e custosas galas
Trajavam senhoris. — Reinava o jogo
Avaro e grave, leda e viva a dança
Em vórtices girava, a orquestra doce

Cantava oculta; condensados, bastos,
Em redor do banquete estavam muitos.
A mendiga ali estava, — não trajando
Sujos farrapos, mas delgadas telas.

Choviam brindes e canções e vivas
À Deusa airosa do banquete; todos
Um volver dos seus olhos, um sorriso,
Uma voz de ternura, um mimo, um gesto
Cobiçavam rivais; — e ali com ela,
Como um raio do sol por entre as nuvens
Lá na quadra hibernal penetra a custo
Quase sem vida, sem calor, sem força,
Menos brilhante vi seu anjo belo.
Nos curtos lábios da feliz mendiga
Passava rápido um sorriso às vezes;
Outras chorava, no volver do rosto,
Na taça do prazer sorvendo o pranto.
Encontradas paixões sentia o anjo:
Parecia chorar co'o seu sorriso,
Parecia sorrir co'o choro dela.

♦ ♦ ♦

Epígrafe:

Dai: —
E quando aparecerdes diante de juiz austero
Direis: Conheci a piedade sobre a terra,
Posso pedi-la aos céus!

TURQUETY

I

rotos andrajos: rasgados trajes.
se não volviam: não se voltavam.

II

concílio: atualmente grafa-se 'consílio', isto é, 'assembleia', 'reunião'. A grafia
com 'c' é usada apenas para 'assembleias dos altos titulares da Igreja
Católica, para tratar de assuntos relativos a dogmas, doutrina ou disciplina dessa igreja'.
Eflúvios: odores.
esteirada: atapetada.
meretrizes: prostitutas.

III

librés: uniformes de criados das casas nobres.
archotes: fachos revestidos de breu que se acendem para iluminação, geralmente ao ar livre.
Tiravam: puxavam.
sege: carruagem.
óbolo: esmola.
dixe: enfeite feminino.
vórtice: redemoinho, furacão.
Quando deixardes o oiropel na campa: 'Quando deixardes a aparência enganosa, o falso brilho, na sepultura'. O verso pretende dizer que a morte iguala a todos.
festival: da festa.
soído: som.
d'Harpa Eólia: de harpa eólia — instrumento musical constituído por uma caixa sonora com seis ou oito cordas afinadas em um só tom, e que soava quando exposto a uma corrente de vento. (eólia — derivado de 'Éolo', nome mitológico para o rei dos ventos). 'd'Harpa' — padrão fônico lusitanizante?

IV

condensados, bastos,: juntos, numerosos.
delgadas telas: finos tecidos.
quadra hibernal: tempo do inverno.

A escrava

> *O bien qu'aucun bien ne peut rendre!*
> *Patrie! doux nom que l'exil fait comprendre!*
> MARINO FALIERO

Oh! Doce país de Congo,
Doces terras d'além-mar!
Oh! dias de sol formoso!
Oh! noites d'almo luar!

Desertos de branca areia
De vasta, imensa extensão,
Onde livre corre a mente,
Livre bate o coração!

Onde a leda caravana
Rasga o caminho passando,
Onde bem longe se escuta
As vozes que vão cantando!

Onde longe inda se avista
O turbante muçulmano,
O Iatagã recurvado,
Preso à cinta do Africano!

Onde o sol na areia ardente
Se espelha, como no mar;
Oh! doces terras de Congo,
Doces terras d'além-mar!

———————

Quando a noite sobre a terra
Desenrolava o seu véu,
Quando sequer uma estrela
Não se pintava no céu;

Quando só se ouvia o sopro
De mansa brisa fagueira,
Eu o aguardava — sentada
Debaixo da bananeira.

Um rochedo ao pé se erguia,
Dele à base uma corrente
Despenhada sobre pedras,
Murmurava docemente.

E ele às vezes me dizia:
— Minha Alsgá, não tenhas medo;
Vem comigo, vem sentar-te
Sobre o cimo do rochedo.

E eu respondia animosa:
— Irei contigo, onde fores! —
E tremendo e palpitando
Me cingia aos meus amores.

Ele depois me tornava
Sobre o rochedo — sorrindo:
— As águas desta corrente
Não vês como vão fugindo?

Tão depressa corre a vida,
Minha Alsgá; depois morrer
Só nos resta!... — Pois a vida
Seja instantes de prazer.

Os olhos em torno volves
Espantados — Ah! também
Arfa o teu peito ansiado!...
Acaso temes alguém?

Não receies de ser vista,
Tudo agora jaz dormente;
Minha voz mesmo se perde
No fragor desta corrente.

Minha Alsgá, porque estremeces?
Porque me foges assim?
Não te partas, não me fujas,
Que a vida me foge a mim!

Outro beijo acaso temes,
Expressão de amor ardente?
Quem o ouviu? — o som perdeu-se
No fragor desta corrente.

Assim praticando amigos
A aurora nos vinha achar!
Oh! doces terras de Congo,
Doces terras d'além-mar!

————

Do ríspido senhor a voz irada
    Rábida soa,
Sem o pranto enxugar a triste escrava
    Pávida voa.
Mas era em mora por cismar na terra,
    Onde nascera,
Onde vivera tão ditosa, e onde
    Morrer devera!

Sofreu tormentos, porque tinha um peito,
    Qu'inda sentia;
Mísera escrava! no sofrer cruento,
    Congo! dizia.

♦ ♦ ♦

Epígrafe:

Ó bem que nenhum bem pode igualar!
Pátria! doce nome que o exílio faz compreender!
MARINO FALIERO

Marino Faliero: drama escrito em Veneza, em 1820, pelo poeta inglês Lord George Gordon Byron (1788-1820) e que trata de um importante episódio da história daquela cidade.

* * *

Congo: país da África, então fornecedor de escravos para vários países.

Iatagã: sabre, para combate ou execução, usado por turcos e árabes.

cinta: cintura.

Alsgá: vocábulo não encontrado, nem mesmo algum com grafia parecida. Problemas na grafia?

Me cingia aos meus amores: Me abraçava ao meu amor. Era comum o uso do plural pelo singular, no vocábulo 'amor'.

praticando: conversando com.

Rábida: raivosa.

Pávida: apavorada.

Mas era em mora: Mas era em demora. A estrofe parece dizer o seguinte: a escrava saiu correndo apavorada porque parou de trabalhar alguns instantes, pensando com insistência (e cantando) na terra em que nasceu, onde viveu tão feliz e onde deveria morrer, isto é, o Congo.

cruento: cruel.

༄

Ao Dr. João Duarte Lisboa Serra

23 agosto.

Mais um pungir de acérrima saudade,
Mais um canto de lágrimas ardentes,
Oh! minha Harpa, — oh! minha Harpa desditosa.

Escuta, ó meu amigo: da minha alma
Foi uma lira outrora o instrumento;
Cantava nela amor, prazer, venturas,
Até que um dia a morte inexorável
Triste pranto de irmão veio arrancar-te!
As lágrimas dos olhos me caíram,
E a minha lira emudeceu de mágoa!

Então aventei eu que a vida inteira
Do bardo, era um perene sacerdócio
De lágrimas e dor; — tomei uma Harpa:
Na corda da aflição gemeu minha alma,
Foi meu primeiro canto um epicédio;
Minha alma batizou-se em pranto amargo,
Na frágua do sofrer purificou-se!

Lancei depois meus olhos sobre o mundo,
Cantor do sofrimento e da amargura;
E vi que a dor aos homens circundava,
Como em roda da terra o mar se estreita;
Que apenas desfrutamos, — miserandos!
Desbotado prazer entre mil dores,
— Uma rosa entre espinhos aguçados,
Um ramo entre mil vagas combatido.

Voltou-se então p'ra Deus o meu esp'rito,
Ea minha voz queixosa perguntou-lhe:
— Senhor, porque do nada me tiraste,
Ou porque a tua voz omnipotente
Não fez secar da minha vida a seve,
Quando eu era princípio e feto apenas?

Outra voz respondeu-me dentro d'alma:
— Ardam teus dias como o feno, — ou durem
Como o fogo de tocha resinosa,
— Como rosa em jardim sejam brilhantes,
Ou baços como o cardo montesinho,
Não deixes de cantar, ó triste bardo. —

E as cordas da minha harpa — da primeira
À extrema — da maior à mais pequena,
Nas asas do tufão — entre perfumes,
Um cântico de amores exaltaram
Ao trono do Senhor; — e eu disse às turbas:
— Ele nos faz gemer porque nos ama;
Vem o perdão nas lágrimas contritas,
Nas asas do sofrer desce a clemência;
Sobre quem chora mais ele mais vela!
Seu amor divinal é como a lâmpada,
Na abóbada dum templo pendurada,
Mais luz filtrando em mais opacas trevas.

Eu o conheço: — o cântico do bardo
É bálsamo ao que morre, — é lenitivo,
Mas doloroso, mas funéreo e triste
A quem lhe carpe infausto a morte crua.
Mas quando a alma do justo, espedaçando
O envolucre de lodo, aos céus remonta,
Como estrada de luz correndo os astros,
Seguindo o som dos cânticos dos anjos
Que na presença do Senhor se elevam;
Choro... tão bem Jesus chorou a Lázaro!
Mas na excelsa visão que se me antolha
Bebo consolações, — minha alma anseia
A hora em que também há de asilar-se
No seio imenso do perdão do Eterno.

Chora, amigo; porém quando sentires
O pranto nos teus olhos condensar-se,
Que já não pode mais banhar-te as faces,
Ergue os olhos ao céu, onde a luz mora,
Onde o orvalho se cria, onde parece
Que a tímida esperança nasce e habita.
E se eu — feliz! — puder inda algum dia
Ferir por teu respeito na minha harpa
A leda corda onde o prazer palpita,
A corda do prazer que ainda inteira,
Que virgem de emoção inda conservo,
Suspenderei minha harpa dalgum tronco
Em of'renda à fortuna; — ali sozinha,
Tangida pelo sopro só do vento,
Há de mistérios conversar co'a noite,
De acorde estreme perfumando as brisas;
Qual Harpa de Sião presa aos salgueiros
Que não há de cantar a desventura,
Tendo cantos gentis vibrado nela.

◆ ◆ ◆

pungir: afligir, torturar.
acérrima: insistente, pertinaz.
Harpa: vocábulo geralmente usado em poesia no sentido de 'fazer poético',
     inspiração', 'poesia'.
desditosa: infeliz.
inexorável: implacável, inabalável.

seve: seiva, vigor, energia.
resinosa: de resina.
cardo: espécie de vegetal espinhoso.
montesinho: montês, dos montes.
extrema: última.
mais pequena: menor; expressão lusitana.
turbas: muitas pessoas reunidas.
contritas: de arrependimento.
lenitivo: consolação.
A quem lhe carpe infausto a morte crua: A quem chora infeliz sua morte cruel.
envolucre de lodo: envoltório, o que envolve. O verso significa 'o corpo, perecível, que envolve a alma, que é eterna'. O poeta usa também 'invólucro'.
Choro... tão bem: choro... também.
Jesus chorou a Lázaro: referência bíblica ao fato de Cristo ter chorado quando soube da morte de seu amigo Lázaro, a quem depois ressuscitou.
excelsa: sublime.
que se me antolha: que se coloca diante de meus olhos.
seio: peito, coração.
Eterno: Deus.
ferir: tocar.
Suspenderei minha harpa dalgum tronco/Em of'renda à fortuna;: Suspenderei minha harpa de algum tronco (onde a lira está dependurada — expressão usada pelos poetas antigos como metáfora de 'não se estar fazendo poesia'), isto é, retornarei à poesia; 'em oferenda à sorte', isto é: sua inspiração virá quando entrar em contato com a natureza. 'Ofr'enda' — padrão fônico lusitanizante?
de acorde extreme: sem mistura de acordes, isto é, bem tocada.
Harpa de Sião: Sião — colina de Jerusalém, a Cidade de Deus, conforme a Bíblia. Por extensão, a própria cidade. Esta foi celebrada nos Salmos bíblicos.

O desterro de um pobre velho

Et dulces moriens reminiscitur Argos.
VIRGÍLIO

O! schwer ist's, in der Fremde sterben unbeweint!
SCHILLER

A aurora vem despontando,
Não tarda o sol a raiar;
Cantam aves, — a natura
Já começa a respirar.

Bem mansa na branca areia
    Onda queixosa murmura,
Bem mansa aragem fagueira
    Entre a folhagem sussurra.

É hora cheia de encantos,
    É hora cheia de amor;
A relva brilha enfeitada,
    Mais fresca se mostra a flor.

Esbelta joga a fragata,
    Como um corcel a nitrir;
Suspensa a amarra tem presa,
    Suspensa, que vai partir.

Em demanda da fragata,
    Leve barco vem vogando;
Nele um velho cujas faces
    Mudo choro está cortando.

Quem era o velho tão nobre,
Que chorava,
Por assim deixar seus lares,
Que deixava?

"Ancião, por que te ausentas?
    Corres tu trás de ventura?
Louco! a morte já vem perto.
    Tens aberta a sepultura.

Louco velho, já não sentes
    Bater frouxo o coração?
Oh! que o sente! — É lei d'exílio
    A que o leva em tal sazão!

Não ver mais a cara pátria,
    Não ver mais o que deixava,
Não ver nem filhos, nem filhas,
    Nem o casal, que habitava!...

Oh! que é má pena de morte,
    A pena de proscrição;
Traz dores que martirizam,
    Negra dor de coração!

Pobre velho! — longe, longe
    Vás sustento mendigar;
Tens de sofrer novas dores,
    Novos males que penar.

Não t'há de valer a idade,
    Nem a dor tamanha e nobre;
Tens de tragar vis afrontas,
    — Insultos que sofre o pobre!

Nada acharás no degredo,
    Que fale dos filhos teus;
Ninguém sente a dor do pobre...
    Só te fica a mão de Deus.

O sol, que além vês raiando
    Entre nuvens de carmim,
Noutros climas, noutras terras
    Não verás raiar assim.

Não verás a rocha erguida,
    Onde t'ias assentar;
Nem o som bem conhecido
Do teu sino hás de escutar.

Há de cair sobre as ondas
O pranto do teu sofrer,
E nesse abismo salgado,
Salgado se há de perder."

Já chegou junto à fragata,
Já na escada se apoiou,
Já com voz intercortada
Último adeus soluçou.

Canta o nauta, e solta as velas
Ao vento que o vai guiar;
E a fragata mui veleira
Vai fugindo sobre o mar.

E o velho sempre em silêncio
A calva testa dobrou,
E pranto mais abundante
O rosto senil cortou.

Inda se vê branca a vela
Do navio, que partiu;
Mais além — inda se avista!
Mais além — já se sumiu!

◆ ◆ ◆

Epígrafe: *E, morrendo, lembra-se de sua doce Argos.*
VIRGÍLIO

Argos: antiga capital da Argólida, região montanhosa da Grécia. Aí morreu
Pirro, em 272 a.C. Este foi um rei célebre por suas lutas contra os ro-
manos. 'Argos' também pode remeter ao nome da nau que, segundo a
mitologia, levava os marinheiros (argonautas) em busca do velocino de
ouro (carneiro mitológico, que tinha lã de ouro).

Virgílio: poeta latino (71-19 a.C.), autor das *Bucólicas*, das *Geórgicas* e da
Eneida.

Epígrafe: *Oh! difícil é morrer no estrangeiro, sem pranto!*
SCHILLER

pranto: carpideiras (Nota do tradutor).

Schiller: Friedrich Schiller, escritor alemão (1759-1805), autor de dramas
históricos, como *Maria Stuart*.

◆ ◆ ◆

natura: natureza.
joga: balança.
nitrir: relinchar.
Suspensa a amarra tem presa,/Suspensa, que vai partir: (a fragata), de âncora
levantada, tem presa a corrente que segura a âncora à embarcação; a
fragata está de âncora levantada porque vai partir.
seus lares: sua pátria.
Que deixava?: Porque deixava?
trás: atrás.
sazão: ocasião, oportunidade.
casal: habitação, morada.
proscrição: expulsão.
t'há: te há; padrão fônico lusitanizante?
Onde t'ias assentar: Onde ias assentar-te; t'ias — padrão fônico lusitanizante?
mui veleira: muito ligeira, veloz.

O orgulhoso

Eu o vi! — tremendo era no gesto,
    Terrível seu olhar;
E o cenho carregado pretendia
    O globo dominar.

Tremendo era na voz, quando no peito
    Fervia-lhe o rancor!
E aos demais homens, como um cedro à relva,
    Se cria sup'rior.

E o pobre agricultor, junto a seus filhos,
    Dentro do humilde lar,
Quisera, ante que os dele, ver um Tigre
    Os olhos fuzilar:

Que a um filho seu talvez quisera o nobre
    Para um Executor;
Ou para o leito infesto alguma filha
    Do triste agricultor.

Quem ousaria resistir-lhe? — Apenas
    Algum pobre ancião
Já sobre o seu sepulcro, desejando
    A morte e a salvação.

———

Alguns dias apenas decorreram;
    E eis que ele se sumiu!
E a lajem dos sepulcros fria e muda
    Sobre ele já caiu.

E o bárbaro tropel dos que o serviam
    Exulta com seu fim!
E a turba aplaude; e ninguém chora a morte
    De homem tão ruim.

◆ ◆ ◆

tremendo: horroroso.
gesto: rosto; arcaísmo.
cenho carregado: cara fechada, semblante carrancudo.
E aos demais homens, como um cedro à relva,/Se cria sup'rior: Acreditava ser

superior aos outros homens, da mesma forma que um cedro acredita
ser superior à grama; sup'rior — padrão fônico lusitanizante?

Quisera, antes que os dele, ver um Tigre / Os olhos fuzilar: (o agricultor)
preferia ver os olhos de um tigre fuzilar ao invés de ver os olhos do
homem orgulhoso.

Executor: carrasco.

infesto: nocivo, danoso.

Exulta: alegra-se muito.

𝕒𝕟𝕕

O cometa

AO SR. FRANCISCO SOTERO DOS REIS

> *Non est potestas, quae comparetur ei qui*
> *factus est ut nullum timeret.*
> JOB

Eis nos céus rutilando ígneo cometa!
A imensa cabeleira o espaço alastra,
E o núcleo, como um sol tingido em sangue,
Alvacento luzir verde agoireiro
　　Sobre a pávida terra.

Poderosos do mundo, grandes, povo,
Dos lábios removei a taça ingente,
Que em vossas festas gira; eis que rutila
O sanguíneo cometa em céus infindos!...
　　Pobres mortais, — sois vermes!

O Senhor o formou terrível, grande;
Como indócil corcel que morde o freio,
Retinha-o só a mão do Omnipotente.
Alfim lhe disse: — Vai, Senhor dos Mundos,
　　Senhor do espaço infindo.

E qual louco temido, ardendo em fúria,
Que ao vento solta a coma desgrenhada,
E vai, néscio de si, livre de ferros,
De encontro às duras rochas, — tal progride
　　O cometa incansável.

Se na marcha veloz encontra um mundo,
O mundo em mil pedaços se converte;

Mil centelhas de luz brilham no espaço
A esmo, como um tronco pelas vagas
Infrenes combatido.

Se junto doutro mundo acaso passa,
Consigo o arrastra e leva transformado;
A cauda portentosa o enlaça e prende,
E o astro vai com ele, como argueiro
Em turbilhão levado.

Como Leviatã perturba os mares,
Ele perturba o espaço; — como a lava,
Ele marcha incessante e sempre; — eterno,
Marcou-lhe largo giro a lei que o rege,
— As vezes o infinito.

Ele carece então da eternidade!
E aos homens diz — e majestoso e grande
Que jamais o verão; e passa, e longe
Se entranha em céus sem fim, como se perde
Um barco no horizonte!

◆ ◆ ◆

FRANCISCO SOTERO DOS REIS: (1800-1871), professor, jornalista, gramático e deputado provincial do Maranhão.

Epígrafe:

Não há poder que seja comparável ao (poder) de quem nasceu para não temer a ninguém.

JOB

Job: Jó. Personagem bíblica, a quem Deus fez passar por muito sofrimento, para comprovar seu amor a Ele. Jó permaneceu fiel a Deus. Dá título a um livro bíblico — O livro de *Jó*. O latim da epígrafe é problemático.

◆ ◆ ◆

ígneo: da natureza do fogo ou da cor deste.
pávida: horrorizada.
ingente: enorme.
Omnipotente: Onipotente; designação para 'Deus'. A grafia com 'mn' pode significar que ambos os fonemas eram pronunciados à época.
Alfim: finalmente, afinal.
coma: cabeleira.
néscio de si: fora de si.

tal progride: assim prossegue.
ferros: correntes, cadeias.
Infrenes: irrefreáveis.
arrastra: o mesmo que 'arrasta'.
portentosa: assombrosa, prodigiosa.
argueiro: partícula, cisco.
Leviatã: Monstro do caos, na mitologia fenícia; identificado, na Bíblia, como
um animal aquático ou réptil.

ॐ

O oiro

Oiro, — poder, encanto ou maravilha
Da nossa idade, — regedor da terra,
Que dás honra e valor, virtude e força,
Que tens ofertas, oblações e altares. —
Embora teu louvor cante na lira
Vendido Menestrel que pôde insano
Do grande à porta renegar seu gênio!
Outro, sim, que não eu. — Bardo sem nome,
Com pouco vivo; — sobre a terra, à noite,
Meu corpo lanço, descansando a fronte
Num tronco ou pedra ou mal nascido arbusto.
Sou mais que um rei co'o meu dossel de nuvens
Que tem gravados cintilantes mundos!
Com a vista no céu percorro os astros.
Vagueia a minha mente além das nuvens,
Vagueia o meu pensar — alto, arrojado
Além de quanto o olhar nos céus alcança.

Então do meu Senhor me calam n'alma
D'amor ardente enlevos indizíveis;
Se tento às gentes redizer seu nome,
Queimadoras palavras se atropelam
Nos meus lábios; — profética harmonia
Meu peito anseia, e em borbotões se expande.
Grandes, Senhor, são tuas obras, grandes
Teus prodígios, teu poder imenso:
O pai ao filho o diz, um sec'lo a outro,
A terra ao céu, o tempo à eternidade!

Do mundo as ilusões, vaidade, engano,
Da vida a mesquinhez — prazer ou pranto —
Tudo esse nome arrasta, prostra e some;
Como aos raios do sol desfeito o gelo,
Que em ondas corre no pendor do monte,
Precípite e ruidoso, — arbustos, troncos
Consigo no passar rompidos leva.

◆ ◆ ◆

oblações: oferendas feitas a Deus ou aos santos.
Vendido Menestrel: Poeta ou cantor medieval a serviço de um rei, de um nobre ou de um trovador. 'Vendido', por ter colocado sua inspiração poética a serviço de poesia encomendada, geralmente de louvores a personalidades.
Do grande à porta renegar seu gênio!: Renegar seu gênio à porta do homem rico e importante (por fazer poesia conforme os interesses deste).
mal nascido: pequenino.
dossel: armação saliente, forrada e franjada, que ornamenta a parte superior do altar, do trono, do leito, etc.
calam: tocam.
enlevos: encantos, êxtases.
borbotões: golfadas.
secl'o: século; padrão fônico lusitanizante?
prostra: subjuga.
pendor: inclinação.
precípite: precipitado.

A um menino
Oferecida à Exma. Sra. D. M. L. L. V.

I

Gentil, engraçado infante
Nos teus jogos inconstante,
Que tens tão belo semblante,
Que vives sempre a brincar,
    — Dos teus brinquedos te esqueces
À noitinha, — e te entristeces
Como a bonina, — e adormeces,
Adormeces a sonhar!

II

Infante, serão as cores
De várias, viçosas flores,
Ou são da aurora os fulgores
Que vem teus sonhos doirar?
Foi de algum ente celeste,
Que de luzeiros se veste,
Ou da brisa é que aprendeste,
Que aprendeste a suspirar?

III

Tens no rosto afogueado
Um qual retrato acabado
De um sentir aventurado,
Que te ri no coração;
É talvez a voz mimosa
De uma fada caprichosa,
Que te promete amorosa,
Algum brilhante condão!

IV

Ou por ventura és contente,
Porque no sonho, que mente,
Fantasiaste inocente
Algum dos brinquedos teus!...
Senhor, tens bondade infinda!
Fizeste a aurora bem linda,
Criaste na vida ainda
Um'outra aurora dos céus.

V

O som da corrente pura,
A folhagem que sussurra,
Um acento de ternura,
De ternura divinal;
A indizível harmonia
Dos astros no fim do dia,
A voz que Mêmnon dizia,
Que dizia matinal;

VI

Nada disto tem o encanto,
Nada disto pode tanto
Como o risonho quebranto,
Divino — do seu dormir:
Que nada há como a Donzela
Pensativa, doce e bela,
E a comparar-se com ela...
Só de um infante o sorrir.

VII

Mas de repente chorando
Despertas do sono brando
Assustado e soluçando...
Foi uma revelação!
Esta vida acerba e dura
Por um dia de ventura
Dá-nos anos de amargura
E fráguas do coração.

VIII

Só aquele que da morte
Sofreu o terrível corte,
Não tem dores que suporte,
Nem sonhos o acordarão:
Gentil infante, engraçado,
Que vives tão sem cuidado,
Serás homem — mal pecado!
Findará seu sonho então.

◆ ◆ ◆

engraçado: gracioso.
bonina: espécie de flor, também conhecida como 'maravilha'.
luzeiros: astros.
aventurado: venturoso, feliz.
caprichosa: insistente.
condão: virtude especial ou poder misterioso.
acento: som, sonoridade.
Mêmnon: personagem mitológica, filho de Tritão e de Aurora. Nos arredo-
    res da cidade de Tebas foi erguida sua estátua. Quando os raios do sol
    se levantavam e a tocavam, ela produzia sons harmoniosos, como se

'Mêmnon' estivesse homenageando a aparição de sua mãe (a Aurora). Os dois últimos versos da 4a. estrofe remetem a esse fato. A grafia com 'mn' pode indicar pronúncia de ambos os fonemas à época.

quebranto: encantamento.

acerba: cruel.

fráguas: sofrimentos.

cuidado: preocupação.

&°&

O pirata
(Episódio)

Nas asas breves do tempo
    Um ano e outro passou,
E Lia sempre formosa
    Novos amores tomou.

Novo amante mão de esposo,
    De mimos cheia, lh'of' rece;
E bela, apesar de ingrata,
    Do que a amou Lia se esquece.

Do que a amou que longe para,
    Do que a amou, que pensa nela,
Pensando encontrar firmeza
    Em Lia, que era tão bela!

Nesse palácio deserto
    Já luzes se vêm luzir,
Que vem nas sedas, nos vidros
    Cambiantes refletir.

Os ecos alegres soam,
    Soa ruidosa harmonia,
Soam vozes de ternura,
    Sons de festa e d'alegria.

E qual ave que em silêncio
    A face do mar desflora,
À noite bela fragata
    Chega ao porto, amaina, ancora.

Cai da popa e fere as ondas
    Inquieta, esguia falua,

Que resvala sobre as águas
  Na esteira que traça a lua.

Já na vácua praia toca;
  Um vulto em terra saltou,
Que na longa escadaria
  Presago e torvo enfiou.

Malfadado! por que aportas
  A este sítio fatal!
Queres o brilho aumentar
  Das bodas do teu rival?

Não, que a vingança lhe range
  Nos duros dentes cerrados,
Não, que a cabeça referve
  Em maus projetos danados!

Não, que os seus olhos bem dizem
  O que diz seu coração;
Terríveis, como um espelho,
  Que retratasse um vulcão.

Não, que os lábios descorados
  Vociferam seu rival;
Não, que a mão no peito aperta
  Seu pontiagudo punhal.

Não, por Deus, que tais afrontas
  Não as sói deixar impunes,
Quem tem ao lado um punhal,
  Quem tem no peito ciúmes!

Subiu! — e viu com seus olhos
  Ela a rir-se que dançava,
Folgando, infame! nos braços
  Porque assim o assassinava.

E ele avançou mais avante,
  E viu... o leito fatal!
E viu... e cheio de raiva
  Cravou no meio o punhal.

E avançou... e à janela
  Sozinha a viu suspirar,

— Saudosa e bela encarando
  A imensidade do mar.

Como se vira um espectro,
  De repente ela fugiu!
Tal foge a corça nos bosques
  Se leve rumor sentiu.

Que foi? — Quem sabe dizê-lo?
  Foram vislumbres de dor;
Coração, que tem remorsos,
  Sente contínuo terror!

Ele à janela chegou-se,
  Horrível nada encontrou...
Somente, ao longe, nas sombras,
  Sua fragata avistou.

Então pensou que no mundo
  Nada mais de seu contava!
Nada mais que essa fragata!
  Nada mais de quanto amava!

Nada mais!... — que lh'importava
  De no mundo só se achar?
Inda muito lhe ficava —
  Água e céus e vento e mar.

Assim pensava, mas nisto
  Descortina o seu rival,
Não visto; — a mão na cintura
  Cingiu raivoso o punhal!

Mas pensou... — não, seja dela,
  E tenha zelos como eu! —
Larga o punhal, e um retrato
  Na destra mão estendeu.

Porém sentiu que inda tinha
  Mais que branda compaixão;
Miserando! inda guardava
  Seu amor no coração.

Infeliz! não foi culpada;
  Foi culpa do fado meu!

Nada mais de pensar nela;
Finjamos que ela morreu.

Por entre a turba que alegre
No baile — a sorrir-se estava,
Mudo, triste, e pensativo
Surdamente se afastava.

De manhã — quando o sarau
Apagava o seu rumor,
Chegava Lia a janela,
Mais formosa de palor.

Chegou-se; — e além — no horizonte
Uma vela inda avistou;
E co'a mão trêmula e fria
O telescópio buscou!

Um pavilhão viu na popa,
Que tinha um globo pintado;
E no mastro da mezena
Um negro vulto encostado.

Eram chorosos seus olhos,
Os olhos seus enxugou;
E o telescópio de novo
Para essa vela apontou.

Quem era o vulto tão triste
Parece reconheceu;
Mas a vela no horizonte
Para sempre se perdeu.

• • •

Novo amante mão de esposo,/De mimos cheia, lh'of'rece: Novo namorado a
pede em casamento, dando-lhe muitos presentes. Observe-se o duplo
padrão fônico lusitanizante na grafia de lh'of'rece.
vêm/vem; veem/vêm: havia vacilação na pronúncia e na grafia desses verbos.
A face do mar desflora: (a ave) tira as flores da superfície do mar, ou seja,
'pesca' plantas marinhas.
falua: embarcação semelhante à fragata.
Já na vácua praia toca: Já na vazia praia aporta.
Que na longa escadaria/Presago e torvo enfiou.: Depois que andou (desceu),
na longa escadaria (da falua), prevendo maus acontecimentos e triste;

'presago': são corretas e atuais ambas as pronúncias e grafias: 'presago' e 'pressago',/'presságio e 'presságio'.

sítio: lugar.

danados: que causam dano, prejuízo.

Vociferam: berram raivosamente com.

sói: costuma.

vislumbres: sinais.

fado: destino.

de palor: pela palidez.

కొండ

A vila maldita, cidade de Deus
Ao seu querido e afetuoso amigo
A. T. de Carvalho Leal

> *Peccata peccavit Jerusalem, et propter*
> *ea instabilis facta est; omnes qui*
> *glorificabant eam, spreverunt illam, quia vide-*
> *runt ignominiam ejus; ipsa autem gemens conversa est*
> *retrorsum.*
>
> LAMENT

I

O imenso aposento a luz alaga
Com soberbo clarão,
E as mesas do banquete se devolvem
Pelo vasto salão;

E os instrumentos palpitantes soam
Frenética harmonia;
E o coro dos convivas se levanta
Pleno d'ébria alegria!

Ali se ostenta o nobre vicioso
Rebuçado em orgulho, — o rico infame,
Cheio de mesquinhez, — o envilecido,
Imundo pobre no seu manto involto

De misérias, torpeza e vilanias;
— A prostituta que alardeia os vícios,
Menosprezando a castidade e a honra,

Sem pejo, sem pudor, d'infâmia eivada.

E o livre ditirambo, a atroz blasfêmia,
Os cantos imorais, canções impúdicas,
Gritos e orgia involta em negro manto
De fumo e vinho, — os ares aturdiam;
E muito além, no meio d'alta noite,
Nos ecos, ruas, praças rebatiam.

II

Depois, ainda suja a boca, as faces,
    D'imundo vomitar,
Com vacilante pé calcando a terra
    Os viras levantar.

A larga porta despedia em turmas
    A noturna coorte;
Ouvia-se depois por toda a parte
    Gritos, horror de morte!

E ninguém vinha ao retinir de ferro,
    Que assassinava;
Porque era dum valente o punhal nobre,
    Que as leis ditava.

Outra vez a cair se emaranhavam
    Da porta pelo umbral:
Tinham tintas de sangue a face, as vestes,
    Em sangue tinto o punhal.

E vinha o sol manifestar horrores
    Da noite derradeira;
E a morte vária revelava a fúria
    Da turba carniceira.

E o sacrílego padre só vendia
    O tum'lo por dinheiro;
Vendia a terra aos mortos insepultos,
    O vil interesseiro!

Ou lá ficavam, como pasto aos corvos,
    Por sobre a terra nua;
E ninguém de tal sorte se pesava,
    Que ser podia a sua!

"E Deus maldisse a terra criminosa,
  Maldisse aos homens dela,
Maldisse a cobardia dos escravos
  Dessa terra tão bela."

III

E a mortífera peste lutuosa
  Do inferno rebentou,
E nas asas dos ventos pavorosa
  Sobre todos passou.

E o mancebo que via esperançoso
  Longa vida futura,
Doido sentiu quebrar-lhe as esperanças
  Pedra de sepultura.

E a donzela tão linda que vivia
  Confiada no amor,
Entre os braços da mãe provou bem cedo
  Da morte o dissabor.

E o trêmulo ancião qu'inda esperava
  Morrer assim
Como um fruto maduro destacado
  D'árvore enfim,

Sentiu a morte esvoaçar-lhe em torno,
  Como um bulcão,
Que afronta o nauta quando avista a terra
  Da salvação.

Era deserta a vila, a casa, o templo —
  Ar de morte soprou!
Mas a casa dos vis nos seus delírios
  Ébria continuou!

"E Deus maldisse a terra criminosa,
  Maldisse os homens dela,
Maldisse a cobardia dos escravos
  Dessa terra tão bela."

IV

Eis o aço da guerra lampeja,
  Do fogoso corcel o nitrido,

Eis o brônzeo canhão que rouqueja,
Eis da morte represso o gemido.

Já se aprestam guerreiros luzentes,
Já se esfreiam corcéis belicosos,
Já mancebos se partem contentes,
Augurando a vitória briosos.

Brilha a raiva nos olhos; — nas faces
O interno rancor podes ler;
Eia, avante! — clamaram os bravos,
Eia, avante! — ou vencer ou morrer!

Eia, avante! — briosos corramos
Na peleja o imigo bater;
Crua morte na espada levamos!
Eia, avante! — ou vencer ou morrer!

Eis o aço da guerra lampeja,
Do corcel belicoso o nitrido,
Eis o brônzeo canhão que rouqueja
E da morte represso o gemido.

V

E a selva vomitou homens sem conto
    A voz do omnipotente,
Como a neve hibernal que o sol derrete,
    Engrossando a corrente.

E em redor dessa vila se estreitaram,
    Cingidos d'armadura;
E a vila se doeu no íntimo seio
    De tão acre amargura.

Mas os fortes bradaram: — Eia, avante! —
    Prontos a batalhar;
Mas o braço e valor ante os imigos
    Se vieram quebrar.

E um ano inteiro sem cessar lutaram,
    Cheios de bizarria,
Como dois crocodilos que brigassem
    Dum rio a primazia!

E renderam-se enfim, mas de famintos,

De sequiosos;
Valentes lidadores foram eles,
Se não briosos.

VI

E o exército contrário entra rugindo
Na vila, que as suas portas lhe franqueia:
Rasteiro corre o incêndio e surdamente
O custoso edifício ataca e mina.
Eis que a chama roaz amostra as fendas
Das portas que se abrasam; descortina
O torvo olhar do vencedor — apenas —
Lá dentro o incêndio só, fora só trevas!
Urros de frenesi, de dor, de raiva
Escutam dos que, às súbitas colhidos,
Contra os muros em brasa se arremessam;
Dos que, perdido o tino, intentam loucos
Achar a salvação, e a morte encontram.
Lá dentro confusão, silêncio fora!
São carrascos aqui, vítimas dentro,
Geme o travejamento, estrala a pedra,
Cresce horror sobre horror, desaba o teto,
E o fumo enegrecido se enovela
Co'o vértice sublime os céus roçando.
Como o vulcão que a lava arroja às nuvens,
Como ígnea coluna que da terra
Hiante rebentasse, — tal se eleva,
Tal sobe aos ares, tal se empina e cresce
A labareda portentosa; e baixa,
E desce à terra, e o edifício enrola,
E o sorve inteiro, qual se foram vagas
Que a dura rocha do alicerce abalam,
Que a enlaçam, como a preia, — e ao fundo pego
Levam, deixando o mar branco d'espuma.
No horror da noite, sibilando os ventos,
Línguas piramidais do atroz incêndio,
Fumosas pelas ruas estalando,
Tingem da cor do inferno a cor da noite,
Tingem da cor do sangue a cor do inferno!
— O ar são gritos, fumo o céu, e a terra fogo.

VII

E aqueles que inda sãos e imunes eram,
    Os que a peste enjeitou,
Que fome e sede e privações sofreram...
    A espada decepou.

E a donzela tremeu, da mãe nos braços
    Não salva ainda,
Que incitava os prazeres do soldado
    A face linda.

E o fido amante, que de a ver tão bela
    Sentiu prazer,
Sente martírios porque a vê formosa
    No seu morrer.

Coisa alguma escapou! — Já tudo é cinzas
    Tudo destruição:
A coluna, o palácio, a casa, o templo,
    O templo da oração!

Meninos, homens e mulheres, — todos
    Já rojam sobre o pó;
Mas o Deus, o Deus bom já está vingado.
    Por ela já sente dó.

E a vila d'outrora mais ruidosa,
    Lá ressurgiu cidade;
Porque o Deus da justiça, o das armadas,
    O Deus é de bondade.

◆ ◆ ◆

A. T. DE CARVALHO LEAL: Alexandre Teófilo de Carvalho Leal. Um dos
amigos que acolheu o poeta em Coimbra.

Epígrafe:
    Jerusalém pecou gravemente, ela se
    tornou coisa impura. Todos os que a
    glorificavam, a desprezam: eles viram sua
    nudez. Ela, ela geme e se desvia.
    LAMENT

Lament: Bíblia Sagrada: Livro das *Lamentações*.

◆ ◆ ◆

I

devolvem: desdobram.

Rebuçado em orgulho: envolvido (com a capa) do orgulho.

envilecido: tornado vil, desprezível.

torpeza: indignidade.

vilanias: insignificâncias.

pejo: vergonha.

eivada: manchada.

ditirambo: pequeno poema lírico entoado primitivamente pelos amantes do vinho e em louvor de Baco, seu deus.

impúdicas: a pronúncia estabelecida hoje é 'impudicas'; o mesmo vale para 'púdicas', também usado pelo poeta.

II

coorte: conjunto de muitas pessoas.

ferro: arma.

vária: variada, delirante.

pesava: sentia pesar, piedade.

cobardia: o mesmo que 'covardia'.

III

mancebo: rapaz.

Doido sentiu quebrar-lhe as esperanças/Pedra de sepultura: 'doido sentiu a pedra da sepultura quebrar-lhe as esperanças', isto é, 'o rapaz sentiu em desespero a morte (pela peste) vir cortar suas esperanças de vida longa.'

dissabor: desgosto.

bulcão: vulcão — nevoeiro espesso que precede a tempestade.

IV

Eis o aço da guerra lampeja: Eis (que) a arma branca da guerra cintila.

nitrido: relincho.

corcéis belicosos: cavalos de guerra.

Augurando a vitória briosos: Predizendo a vitória orgulhosos, valentes.

V

sem conto: sem conta; 'conto' — 'ato de contar'.

hibernal: do inverno.

bizarria: valentia.

sequiosos: sedentos, com sede.

lidadores: lutadores.

VI

custoso: rico.

roaz: devastadora.

frenesi: delírio.

às súbitas: de surpresa.

tino: juízo.

travejamento: conjunto de traves, vigamento (do telhado).

pedra: estrutura do edifício.

terra Hiante: terra que tem grande fenda ou abertura.

preia: presa (substantivo).

VII

fido: fiel; adjetivo poético.

armadas: exércitos. Na Bíblia encontra-se a expressão 'Deus dos Exércitos', significando que ele detém toda espécie de poder.

ॐॐ

Quadras da minha vida
RECORDAÇÃO E DESEJO
AO MEU BOM AMIGO O DR. A. REGO

Sol chi non lascia eredità d'affetti
Poca gioia ha dell'urna.
FOSCOLO

I

Houve tempo em que os meus olhos
Gostavam do sol brilhante,
E do negro véu da noite,
E da aurora cintilante.

Gostavam da branca nuvem
Em céu de azul espraiada,
Do terno gemer da fonte
Sobre pedras despenhada.

Gostavam das vivas cores
De bela flor vicejante,
E da voz imensa e forte
Do verde bosque ondeante.

Inteira a natureza me sorria!
A luz brilhante, o sussurrar da brisa,

O verde bosque, o rosicler d'aurora,
Estrelas, céus, e mar, e sol, e terra,
D'esperança e d'amor minha alma ardente,
De luz e de calor meu peito enchiam.
Inteira a natureza parecia
Meus mais fundos, mais íntimos desejos
Perscrutar e cumprir; — almo sorriso
Parecia enfeitar co'os seus encantos,
Com todo o seu amor compor, doirá-lo,
Porque os meus olhos deslumbrados vissem-no,
Porque minha alma de o sentir folgasse.

Oh! quadra tão feliz! — Se ouvia a brisa
Nas folhas sussurrando, o som das águas,
Dos bosques o rugir; — se os desejava,
— O bosque, a brisa, a folha, o trepidante
Das águas murmurar prestes ouvia.
Se o sol doirava os céus, se a lua casta,
Se as tímidas estrelas cintilavam,
Se a flor desabrochava involta em musgo,
— Era a flor que eu amava, — eram estrelas
Meus amores somente, o sol brilhante,
A lua merencória — os meus amores!
Oh! quadra tão feliz! — doce harmonia,
Acordo estreme de vontade e força,
Que atava minha vida à natureza!
Ela era para mim bem como a esposa
Recém-casada, púdica sorrindo;
Alma de noiva — coração de virgem,
Que a minha vida inteira abrilhantava!
Quando um desejo me brotava n'alma,
Ela o desejo meu satisfazia;
E o quer que ela fizesse ou me dissesse,
Esse era o meu desejo, essa a voz minha,
Esse era o meu sentir do fundo d'alma,
Expresso pela voz que eu mais amava.

II

Agora a flor que m'importa,
Ou a brisa perfumada,
Ou o som d'amiga fonte
Sobre pedras despenhada?

Que me importa a voz confusa
    Do bosque verde-frondoso,
Que m'importa a branca lua,
    Que m'importa o sol formoso?

Que m'importa a nova aurora,
    Quando se pinta no céu;
Que m'importa a feia noite,
    Quando desdobra o seu véu?

Estas cenas, que amei, já me não causam
Nem dor e nem prazer! — Indiferente,
Minha alma um só desejo não concebe,
Nem vontade já tem!... Oh! Deus! quem pôde
Do meu imaginar as puras asas
Cercear, desprender-lhe as níveas plumas,
Rojá-las sobre o pó, calcá-las tristes?
Perante a criação tão vasta e bela
Minha alma é como a flor que pende murcha;
É qual profundo abismo: — embalde estrelas
Brilham no azul dos céus, embalde a noite
Estende sobre a terra o negro manto:
Não pode a luz chegar ao fundo abismo,
Nem pode a noite enegrecer-lhe a face;
Não pode a luz à flor prestar mais brilho
Nem viço e nem frescor prestar-lhe a noite!

III

Houve tempo em que os meus olhos
    Se extasiavam de ver
Ágil donzela formosa
    Por entre flores correr.

Gostavam de um gesto brando,
    Que revelasse pudor;
Gostavam de uns olhos negros,
    Que rutilassem de amor.

E gostavam meus ouvidos
    De uma voz — toda harmonia, —
Quer pesares exprimisse,
    Quer exprimisse alegria.

Era um prazer, que eu tinha, ver a virgem
Indolente ou fugaz — alegre ou triste,
Da vida a estreita senda desflorando
Com pé ligeiro e ânimo tranquilo;
Impróvida e brilhante parecendo
Seus dias desfolhar, uns após outros,
Como folhas de rosa; — e no futuro —
Ver luzir-lhe somente a luz d'aurora.
Era deleite e dor vê-la tão leda
Do mundo as aflições, angústias, prantos
Afrontar co'um sorriso; era um descanso
Interno e fundo, que sentia a mente,
Um quadro em que os meus olhos repousavam,
Ver tanta formosura e tal pureza
Em rosto de mulher com alma d'anjo!

IV

Houve tempo em que os meus olhos
    Gostavam de lindo infante,
Com a candura e sorriso
    Que adorna infantil semblante.

Gostavam do grave aspecto
    De majestoso ancião,
Tendo nos lábios conselhos,
    Tendo amor no coração.

Um representa a inocência,
    Outro a verdade sem véu:
Ambos tão puros, tão graves,
    Ambos tão perto do céu!

Infante e velho! — princípio e fim da vida! —
Um entra neste mundo, outro sai dele,
Gozando ambos da aurora; — um sobre a terra,
E o outro lá nos céus. — O Deus, que é grande,
Do pobre velho compensando as dores,
O chama para si; o Deus clemente
Sobre a inocência de contínuo vela.
Amei do velho o majestoso aspecto,
Amei o infante que não tem segredos,

Nem cobre o coração co'os folhos d'alma.
Amei as doces vozes da inocência,
A ríspida franqueza amei do velho,
E as rígidas verdades mal sabidas,
Só por lábios senis pronunciadas.

V

Houve tempo, em que possível
 Eu julguei no mundo achar
Dois amigos extremosos,
 Dois irmãos do meu pensar:

Amigos que compr'endessem
 Meu prazer e minha dor,
Dos meus lábios o sorriso,
 Da minha alma o dissabor;

Amigos, cuja existência
 Vivesse eu co'o meu viver:
Unidos sempre na vida,
 Unidos — té no morrer.

Amizade! — união, virtude, encanto —
Consórcio do querer, de força e d'alma —
Dos grandes sentimentos cá da terra
Talvez o mais recíproco, o mais fundo!
Quem há que diga: Eu sou feliz! — se acaso
Um amigo lhe falta? — um doce amigo,
Que sinta o seu prazer como ele o sente,
Que sofra a sua dor como ele a sofre?
Quando a ventura lhe sorri na vida,
Um a par d'outro — ei-los lá vão felizes;
Quando um sente aflição, nos braços do outro
A aflição, que é só dum, carpindo juntos,
Encontra doce alívio o desditoso
No tesouro que encerra um peito amigo.
Cândido par de cisnes, vão roçando
A face azul do mar co'as níveas asas
Em deleite amoroso; — acalentados
Pelo sereno espreguiçar das ondas,
Aspirando perfumes mal sentidos,
Por vesperina aragem bafejados,

É jogo o seu viver; — porém se o vento
No frondoso arvoredo ruge ao longe,
Se o mar, batendo irado as ermas praias.
Cruzadas vagas em novelo enrola,
Com grito de terror o par candente
Sacode as níveas asas, bate-as, — fogem.

VI

Houve tempo em que eu pedia
    Uma mulher ao meu Deus,
Uma mulher que eu amasse,
    Um dos belos anjos seus.

Em que eu a Deus só pedia
    Com fervorosa oração
Um amor sincero e fundo,
    Um amor do coração.

Qu'eu sentisse um peito amante
    Contra o meu peito bater,
Somente um dia... somente!
    E depois dele morrer.

Amei! e o meu amor foi vida insana!
Um ardente anelar, cautério vivo,
Posto no coração, a remordê-lo.
Não tinha uma harmonia a natureza
Comparada a sua voz: não tinha cores
Formosas como as dela, — nem perfumes
Como esse puro odor qu'ela esparzia
D'angélica pureza. — Meus ouvidos
O feiticeiro som dos meigos lábios
Ouviam com prazer; meus olhos vagos
De a ver não se cansavam; lábios d'homens
Não puderam dizer como eu a amava!
E achei que o amor mentia, e que o meu anjo
Era apenas mulher! chorei! deixei-a!
E aqueles, que eu amei co'o amor d'amigo,
A sorte, boa ou má, levou-mos longe,
Bem longe quando eu perto os carecia.
Concluí que a amizade era um fantasma,
Na velhice prudente — hábito apenas,

No jovem — doudejar; em mim lembrança;
Lembrança! — porém tal que a não trocara
Pelos gozos da terra, — meus prazeres
Foram só meus amigos, — meus amores
Hão de ser neste mundo eles somente.

VII

Houve tempo em que eu sentia
Grave e solene aflição,
Quando ouvia junto ao morto
Cantar-se a triste oração.

Quando ouvia o sino escuro
Em sons pesados dobrar,
E os cantos do sacerdote
Erguidos junto do altar.

Quando via sobre um corpo
A fria lousa cair;
Silêncio debaixo dela,
Sonhos talvez — e dormir.

Feliz quem dorme sob a lousa amiga,
Tépida talvez com o pranto amargo
Dos olhos da aflição; — se os mortos sentem,
Ou se almas têm amor aos seus despojos,
Certos do pés do Eterno, entre a aleluia,
E o gozo lá dos céus, e os coros d'anjos,
Hão de lembrar-se com prazer dos vivos,
Que choram sobre a campa, onde já brota
O denso musgo, e já desponta a relva.
Lajem fria dos mortos! quem me dera
Gozar do teu descanso, ir asilar-me
Sob o teu santo horror, e nessas trevas
Do bulício do mundo ir esconder-me!
Oh! lajem dos sepulcros! quem me desse
No teu silêncio fundo asilo eterno!
Aí não pulsa o coração, nem sente
Martírios de viver quem já não vive.

♦ ♦ ♦

QUADRAS: Fases, períodos.

A. REGO: Antônio do Rego, deputado provincial e jornalista, que foi colega do poeta quando estudou em Coimbra.

Epígrafe:

Sol que não deixa herança de afetos
Pouca alegria tem da urna.
FOSCOLO

Foscolo: Ugo Foscolo, escritor italiano (1778-1827), autor de *Cartas de Jacopo Ortis*.

• • •

I

rosicler: tonalidade róseo-pálido; adjetivo poético.
Perscrutar: procurar conhecer, penetrar.
almo: encantador.
Porque os meus olhos: Para que os meus olhos.
Porque minha alma: Para que minha alma.
merencória: melancólica.
estreme: misturado.
E o quer que: E o que quer que.

II

níveas: brancas.

III

gesto: rosto ou gesto
virgem: atenção para o significado desse vocábulo. Ele é muito empregado pelos escritores românticos, como sinônimo de 'jovem', 'moça', 'solteira'. Segundo os padrões morais da época, as mulheres solteiras das camadas superiores eram virgens em sua quase totalidade. O vocábulo não tem, portanto, conotação sexual oposta a 'não virgem'.
Indolente ou fugaz: lânguida ou esquiva.
Impróvida: despreocupada.

IV

folhos d'alma: babados da alma. O verso é uma metáfora que beira o ridículo.
A menos que o vocábulo 'folhos' ou a expressão tenha, na época, outro significado (no Brasil e/ou em Portugal) que não está dicionarizado.

V

té: até; padrão fônico brasileiro de caráter popular.

Um a par d'outro: um ao lado do outro.
carpindo: chorando, lamentando-se.
vesperina: forma duvidosa, segundo Houaiss; corrigida para 'vespertina', por Bandeira.
Cruzadas vagas: ondas sobrepostas.
o par candente: o par ardente (de cisnes).

VI

anelar: desejar ardentemente.
cautério: tortura, castigo.
esparzia: espalhava.
doudejar: brincar, vadiar.

VII

lousa: tampa da sepultura.
despojos: corpos (que deixaram na terra).
aleluia: alegria.
Certo: com certeza; liga-se a 'Hão de lembrar-se'.
bulício: agitação.
quem me desse: quem me dera; emprego do imperfeito do subjuntivo no lugar do mais-que-perfeito do indicativo, como recurso poético.
fundo: profundo.

Hinos

Singe dem Herrn mein Lied, und du, begeisterte Seele,
Werde ganz Jubel dem Gott, den alle Wesen bekennen!
                                        WIELAND

MESQUINHO TRIBUTO DE PROFUNDA AMIZADE
AO DR. J. LISBOA SERRA

✦✦✦

Epígrafe: *Cante ao Senhor minha canção, e tu, entusiástica alma,*
Fique toda alegre ao Deus, o qual todas
as pessoas reconhecem.
                                        WIELAND

Wieland: Christoph-Martin Wieland (1733-1813), escritor alemão, autor dos poemas "Musarion" e "Oberon".

O mar

Frappé de ta grandeur farouche
Je tremble... est-ce bien toi, vieux lion que je touche.
Océan, terrible océan!
                                        TURQUETY

Oceano terrível, mar imenso
De vagas procelosas que se enrolam
Floridas rebentando em branca espuma
    Num polo e noutro polo,
Enfim... enfim te vejo; enfim meus olhos
Na indômita cerviz trêmulos cravo,
E esse rugido teu sanhudo e forte
    Enfim medroso escuto!

Donde houveste, ó pélago revolto,
Esse rugido teu? Em vão dos ventos
Corre o insano pegão lascando os troncos,
    E do profundo abismo
Chamando à superfície infindas vagas,
Que avaro encerras no teu seio undoso;
Ao insano rugir dos ventos bravos
    Sobressai teu rugido.

Em vão troveja horríssona tormenta;
Essa voz do trovão, que os céus abala,
Não cobre a tua voz. — Ah! donde a houveste,
    Majestoso oceano?

Ó mar, o teu rugido é um eco incerto
Da criadora voz, de que surgiste:
Seja, disse; e tu foste, e contra as rochas
    As vagas compeliste.
E à noite, quando o céu é puro e limpo,
Teu chão tinges da azul, — tuas ondas correm
Por sobre estrelas mil; turvam-se os olhos
    Entre dois céus brilhantes.

Da voz de Jeová um eco incerto
Julgo ser teu rugir; mas só, perene,
Imagem do infinito, retratando
    As feituras de Deus.
Por isto, a sós contigo, a mente livre
Se eleva, aos céus remonta ardente, altiva,
E deste lodo terreal se apura,
    Bem como o bronze ao fogo.
Férvida a Musa, co'os teus sons casada,
Glorifica o Senhor de sobre os astros
Co'a fronte além dos céus, além das nuvens,
    E co'os pés sobre ti.

O que há mais forte do que tu? Se erriças
A coma perigosa, a nau possante,
Extremo de artifício, em breve tempo
    Se afunda e se aniquila.
És poderoso sem rival na terra;
Mas lá te vais quebrar num grão d'areia,

Tão forte contra os homens, tão sem força
Contra coisa tão fraca!

Mas nesse instante que me está marcado,
Em que hei de esta prisão fugir pra sempre
Irei tão alto, ó mar, que lá não chegue
Teu sonoro rugido.
Então mais forte do que tu, minha alma,
Desconhecendo o temor, o espaço, o tempo,
Quebrará num relance o circ'lo estreito
Do finito e dos céus!
Então, entre miríadas de estrelas,
Cantando hinos d'amor nas harpas d'anjos,
Mais forte soará que as tuas vagas,
Mordendo a fulva areia;
Inda mais doce que o singelo canto
De merencória virgem, quando a noite
Ocupa a terra, — e do que a mansa brisa,
Que entre flores suspira.

◆ ◆ ◆

Epígrafe:
    Tocado de tua grandeza selvagem
    Eu tremo... é mesmo a ti, velho leão que eu toco.
    Oceano, terrível oceano!
            TURQUETY

procelosas: tempestuosas, agitadas.
Num polo e noutro polo: de um extremo a outro.
indômita: altiva, indomada.
cerviz: o topo, a crista das ondas.
Na indômita cerviz trêmulos cravo: Cravo os olhos trêmulos na indomada
  crista das ondas.
houveste: tiraste, conseguiste.
pélago: mar profundo.
pegão: grande pé-de-vento.
undoso: cheio de ondas, ondulado.
horríssona: que produz um som aterrorizador.
criadora voz: a voz de Deus, criador de todas as coisas, segundo o cristianismo.
Seja, disse; e tu foste, e contra as rochas/As vagas compeliste.: O poeta recria
  o momento da criação do mundo por Deus, segundo o *Gênesis*: 'seja' é a
  fórmula divina da criação, e tem o sentido de 'exista'; 'foste" corresponde
  a 'foste criado'. A partir da criação, o mar empurrou suas ondas contra
  as rochas. O texto bíblico do *Gênesis* aparece traduzido em Bandeira:

"E disse Deus: Ajuntem-se as águas que estão debaixo dos céus, num só lugar, e apareça a parte seca. E assim se fez".
Jeová: Deus.
apura: purifica.
Férvida a Musa: Ardente a inspiração poética.
erriças: variante de 'eriças'.
coma: cabeleira. Metáfora para a crista das ondas.
de esta: desta; arcaísmo.
circ'lo: círculo; padrão fônico lusitanizante?
miríadas: miríades, milhares.
fulva: de cor amarelo-tostado.

    O amigo e primeiro biógrafo do poeta informa que esse hino foi escrito a bordo da embarcação 'Castro II', que trouxe o poeta de volta ao Brasil em 1845. Tematiza a grande natureza, exuberante face à pequenez do ser humano e como retrato do poder divino, do criador do mundo. A marca da religiosidade perpassa o poema, sendo mais viva nas estrofes finais. Aí diz o poeta, metaforicamente, que, depois da morte e a caminho do céu, sua alma cantará hinos mais belos do que o rugido marinho, pois ela quebrará os círculos estreitos da vida terrena.

Ideia de Deus

Gross ist der Herr! Die Himmel ohne Zahl
Sind seine Wohnungen!
Seine Wagen die donnernden Gewölke,
Und Blitze sein Gespann.
KLEIST

I

À voz de Jeová infindos mundos
    Se formaram do nada;
Rasgou-se o horror das trevas, fez-se o dia,
    E a noite foi criada.

Luziu no espaço a lua! sobre a terra
    Rouqueja o mar raivoso,
E as esferas nos céus ergueram hinos
    Ao Deus prodigioso.

Hino de amor a criação, que soa
    Eternal, incessante,
Da noite no remanso, no ruído
    Do dia cintilante!

A morte, as aflições, o espaço, o tempo,
O que é para o Senhor?
Eterno, imenso, que lh'importa a sanha
Do tempo roedor?

Como um raio de luz, percorre o espaço,
E tudo nota e vê —
O argueiro, os mundos, o universo, o justo;
E o homem que não crê.

E ele que pode aniquilar os mundos,
Tão forte como ele é,
E vê e passa, e não castiga o crime,
Nem o ímpio sem fé!

Porém quando corrupto um povo inteiro
O Nome seu maldiz,
Quando só vive de vingança e roubos,
Julgando-se feliz;

Quando o ímpio comanda, quando o justo
Sofre as pernas do mal,
E as virgens sem pudor, e as mães sem honra,
E a justiça venal;

Ai da perversa, da nação maldita,
Cheia de ingratidão,
Que há de ela mesma sujeitar seu colo
À justa punição.

Ou já terrível peste expande as asas,
Bem lenta a esvoaçar;
Vai de uns a outros, dos festins conviva,
Hóspede em todo o lar!

Ou já torvo rugir da guerra acesa
Espalha a confusão;
E a esposa, e a filha, de terror opresso,
Não sente o coração.

E o pai, e o esposo, no morrer cruento,
Vomita o fel raivoso;
— Milhões de insetos vis que um pé gigante
Enterra em chão lodoso.

E do povo corrupto um povo nasce
    Esperançoso e crente.
Como do podre e carunchoso tronco
    Hástea forte e virente.

II

Oh! como é grande o Senhor Deus, que os mundos
    Equilibra nos ares;
Que vai do abismo aos céus, que susta as iras
    Do pélago fremente,

A cujo sopro a máquina estrelada
    Vacila nos seus eixos,
A cujo aceno os querubins se movem
    Humildes, respeitosos,

Cujo poder, que é sem igual, excede
    A hipérbole arrojada!
Oh! como é grande o Senhor Deus dos mundos,
    O Senhor dos prodígios.

III

Ele mandou que o sol fosse princípio,
    E razão de existência,
Que fosse a luz dos homens — olho eterno
    Da sua providência.

Mandou que a chuva refrescasse os membros,
    Refizesse o vigor
Da terra hiante, do animal cansado
    Em praino abrasador.

Mandou que a brisa sussurrasse amiga,
    Roubando aroma à flor;
Que os rochedos tivessem longa vida,
    E os homens grato amor!

Oh! como é grande e bom o Deus que manda
    Um sonho ao desgraçado,
Que vive agro viver entre misérias,
    De ferros rodeado;

O Deus que manda ao infeliz que espere
Na sua providência;
Que o justo durma, descansado e forte
Na sua consciência!

Que a assassino de contínuo vele,
Que trema de morrer;
Enquanto lá nos céus, o que foi morto,
Desfruta outro viver!

Oh! como é grande o Senhor Deus, que rege
A máquina estrelada,
Que ao triste dá prazer; descanso e vida
À mente atribulada!

◆ ◆ ◆

Epígrafe:

Grande é (o) Senhor! O céu sem número
São suas moradas!
Seus carros, as nuvens tempestuosas.
E os raios, sua parelha.

KLEIST

Kleist: há dois poetas alemães com esse sobrenome: Christian Ewald Kleist (1715-1759), autor do poema "Der Frühling", que descreve as belezas da natureza; Heinrich von Kleist (1777-1811), autor de contos e dramas. Não conseguimos ter acesso à obra de nenhum deles, mas aqui parece tratar-se do primeiro.

◆ ◆ ◆

I

esferas: regiões do espaço; astros.
remanso: paz, tranquilidade.
a sanha do tempo roedor: a raiva do tempo que tudo consome.
argueiro: partícula, coisa insignificante.
ímpio: impuro.
venal: subornável, corrupta.
colo: pescoço. Os dois últimos versos dessa estrofe remetem à morte na forca,
     aqui tomada metaforicamente em relação à 'nação maldita', que se suicida.
fel: bílis.
Hástea: haste.
virente: verdejante.

II

pélago: mar profundo.
máquina estrelada: estrutura harmônica do espaço celeste.
hipérbole: figura de retórica: exageração.

III

providência: segundo a religião católica, 'a suprema sabedoria com que Deus
    conduz todas as coisas'.
hiante: que tem fendas, ressequida.
praino: planície.
agro: duro.
ferros: grilhões, algemas; sentido literal ou figurado.

❧❧

O romper d'alva

Quand ta corde n'aurait qu'un son,
Harpe fidèle, chante encore
Le Dieu que ma jeunesse adore.
Car c'est un hymne que son nom.
LAMARTINE

Do vento o rijo sopro as mansas ondas
Varreu do imenso pego, — e o mar rugindo
Às nuvens se elevou com fúria insana;
Enoveladas vagas se arrojaram
        Ao céu co'a branca espuma!
Raivando em vão se encontram soluçando
Na base d'erma rocha descalvada;
Em vão de fúrias crescem, que se quebra
A força enorme do impotente orgulho
Na rocha altiva ou na arenosa praia.
Da tormenta o furor lhe acende os brios,
Da tormenta o furor lh'enfreia as iras,
Que em teimosos gemidos se descerram,
Da quieta noite despertando os ecos
Além, no vale humilde, onde não chega
Seu sanhudo gemer, que o dia abafa.

    Mas a brisa sussurrando
    A face do céu varreu,

Tristes nuvens espalhando,
    Que a noite em ondas verteu.

Além, atrás da montanha,
    Branda luz se patenteia,
Que d'alma a dor afugenta,
    Se dentro sentida anseia.

Branda luz, que afaga a vista,
    De que se ama o céu tingir,
Quando entre o azul transparente
    Parece alegre sorrir;

Como és linda! — Como dobras
    Da vida a força e do amor!
— Que tão bem luz dentro d'alma
    Teu luzir encantador!

No teu ameno silêncio
    A tormenta se perdeu,
E do mar a forte vida
    Nos abismos se escondeu!

Porque assim de novo agora
    Que o vento o não vem toldar,
Parece que vai queixoso
    Mansamente a soluçar?

Porque as ramas do arvoredo,
    Bem como as ondas do mar,
Sem correr sopro de vento,
    Começam de murmurar?

Sobre o tapiz d'alva relva,
    — Rocio da madrugada —
Destila gotas de orvalho
    A verde folha inclinada.

Renascida a natureza
    Parece sentir amor;
Mais brilhante, mais viçosa
    O cálix levanta a flor.

Por entre as ramas ocultas,
    Docemente a gorjear,

Acordam trinando as aves,
    Alegres, no seu trinar.

O arvoredo nessa língua
    Que diz, por que assim sussurra?
Que diz o cantar das aves?
    Que diz o mar que murmura?

— Dizem um nome sublime,
    O nome do que é Senhor,
Um nome que os anjos dizem,
    O nome do Criador.

Tão bem eu, Senhor, direi
    Teu nome — do coração,
E ajuntarei o meu hino
    Ao hino da criação.

Quando a dor meu peito acanha,
    Quando me rala a aflição.
Quando nem tenho na terra
    Mesquinha consolação;

Tu, Senhor, do peso insano
    Livras meu peito arquejante,
Secas-me o pranto que os olhos
    Vertendo estão abundante.

Tu pacificas minha alma,
    Quando se rasga com pena,
Como a noite que se esconde
    Na luz da manhã serena.

Tu és a luz do universo,
    Tu és o ser criador,
Tu és o amor, és a vida,
    Tu és meu Deus, meu Senhor.

Direi nas sombras da noite,
    Direi ao romper da aurora:
— Tu és o Deus do universo,
    O Deus que minha alma adora.

Tão bem eu, Senhor, direi
    Teu nome — do coração,

E ajuntarei o meu hino
Ao hino da criação.

♦ ♦ ♦

O ROMPER D'ALVA: a aurora, o amanhecer.

Epígrafe:
Quando tua corda não tiver mais que um som,
Harpa fiel, canta ainda
O Deus que minha juventude adora.
Porque é um verdadeiro hino seu nome.
LAMARTINE

d'erma rocha descalvada: de desértica rocha sem vegetação; d'erma — padrão fônico lusitanizante.
enfreia: freia.
tão bem luz: também ilumina.
tapiz: tapete.
tão bem eu,: também eu.
Rocio: sereno.
acanha: aperta.

A tarde

Ave Maria! blessed be the hour!
The time, the clime, the spot where I so oft
Have felt that moment in its fullest power
Sink o'er the earth so beautiful and soft...
BYRON

Oh tarde, oh bela tarde, oh meus amores,
Mãe da meditação, meu doce encanto!
Os rogos da minha alma enfim ouviste,
E o grato refrigério vens trazer-lhe
No teu remansear prenhe de enlevos!
Em quanto de te ver gostam meus olhos,
Em quanto sinto a minha voz nos lábios,
Em quanto a morte me não rouba à vida,
Um hino em teu louvor minha alma exale,
Oh tarde, oh bela tarde, oh meus amores!

I

É bela a noite, quando grave estende
Sobre a terra dormente o negro manto
De brilhantes estrelas recamado;
Mas nessa escuridão, nesse silêncio
Que ela consigo traz, há um quê de horrível
Que espanta e desespera e geme n'alma;
Um quê de triste que nos lembra a morte!
No romper d'alva há tanto amor, tal vida,
Há tantas cores, brilhantismo e pompa,
Que fascina, que atrai, que a amar convida:
Não pode suportá-la homem que sofre,
Órfãos de coração não podem vê-la.

Só tu, feliz, só tu, a todos prendes!
A mente, o coração, sentidos, olhos,
A ledice e a dor, o pranto e o riso,
Folgam de te avistar; — são teus, — és deles
Homem que sente dor folga contigo,
Homem que tem prazer folga de ver-te!
Contigo simpatizam, porque és bela,
Qu'és mãe de merencórios pensamentos,
Entre os céus e a terra êxtasis doce,
Entre dor e prazer celeste arroubo.

II

A brisa que murmura na folhagem,
As aves que pipilam docemente,
A estrela que desponta, que rutila,
Com duvidosa luz ferindo os mares,
O sol que vai nas águas sepultar-se
Tingindo o azul dos céus de branco e d'oiro;
Perfumes, murmurar, vapores, brisa,
Estrelas, céus e mar, e sol e terra,
Tudo existe contigo, e tu és tudo.

III

Homem que vivo agro viver de corte,
Indiferente olhar derrama a custo
Sobre os fulgores teus; — homem do mundo
Mal pode o desbotado pensamento

Revolver sobre o pó; mas nunca, oh nunca!
Há de elevar-se a Deus, e nunca há de ele
Na abóbada celeste ir pendurar-se,
Como de rósea flor pendente abelha.
Homem da natureza, esse contemple
De púrpura tingir a luz que morre
As nuvens lá no ocaso vacilantes!
Há de vida melhor sentir no peito,
Sentir doce prazer sorrir-lhe n'alma,
E fonte de ternura inesgotável
Do fundo coração brotar-lhe em ondas.

Hora de pôr-do-sol! — hora fagueira,
Qu'encerras tanto amor, tristeza tanta!
Quem há que de te ver não sinta enlevos,
Quem há na terra que não sinta as fibras
Todas do coração pulsar-lhe amigas,
Quando desse teu manto as pardas franjas
Soltas, roçando a habitação dos homens?
Há i prazer tamanho que embriaga,
Há i prazer tão puro, que parece
Haver anjos dos céus com seus acordes
A mísera existência acalentado!

IV

Sócia do forasteiro, tu, saudade,
Nesta hora os teus espinhos mais pungentes
Cravas no coração do que anda errante.
Só ele, o peregrino, onde acolher-se,
Não tem tugúrio seu, nem pai, nem 'sposa,
Ninguém que o espere com sorrir nos lábios
E paz no coração, — ninguém que estranhe,
Que anseie aflito de o não ver consigo!
Cravas então, saudade, os teus espinhos;
E eles, tão pungentes, tão agudos,
Varando o coração de um lado a outro,
Nem trazer dor, nem desespero incitam;
Mas remanso de dor, mas um suave
Recordar do passado, — um quê de triste
Que ri ao coração, chamando aos olhos

Tão espontâneo, tão fagueiro pranto,
Que não fora prazer não derramá-lo.

E quem — ah tão feliz! — quem peregrino
Sobre a terra não foi? Quem sempre há visto
Sereno e brando deslizar-se o fumo
Sobre o teto dos seus; e sobre os cumes
Que os seus olhos hão visto à luz primeira
Crescer branca neblina que se enrola,
Como incenso que aos céus a terra envia?
Tão feliz! quando a morte involta em pranto
Com gelado suor lh'enerva os membros,
Procura inda outra mão co'a mão sem vida,
E o extremo cintilar dos olhos baços,
De um ente amado procurando os olhos,
Sem prazer, mas sem dor, ali se apaga
O exilado! esse não; tão só na vida,
Como no passamento ermo e sozinho,
Sente dores cruéis, torvos pesares
Do leito aflito esvoaçar-lhe em torno,
Roçar-lhe o frio, o pálido semblante,
E o instante derradeiro amargurar-lhe.
Porém, no meu passar da vida à morte,
Possa co'a extrema luz destes meus olhos
Trocar último adeus com os teus fulgores!
Ah! possa o teu alento perfumado,
Do que na terra estimo, docemente
Minha alma separar, e derramá-la
Como um vago perfume aos pés do Eterno.

◆ ◆ ◆

Epígrafe:

Ave Maria! abençoada seja a hora!
O tempo, o clima, o lugar onde eu, então, frequentemente
Senti aquele momento em seu máximo poder
Mergulhar sobre a terra tão belo e suave...
BYRON

Segundo Bandeira, essa é a estrofe CII do Canto 3º do poema "Don Juan".

◆ ◆ ◆

refrigério: consolação, alívio.
No teu remansear prenhe de enlevos: No teu tranquilizar cheio de encantos.

I

recamado: enfeitado.
ledice: alegria.
folga: (aparece algumas vezes na estrofe I) — alegra.

II

duvidosa: pecadora.

III

agro viver de corte: acre viver de cidade.
Há i: há aí; padrão fônico lusitanizante?

IV

tugúrio: cabana, refúgio, abrigo.
Só ele, o peregrino, onde acolher-se/Não tem tugúrio seu...: Entenda-se, segundo Bandeira: Só ele, o peregrino, não tem tugúrio seu onde acolher-se.
'sposa: esposa; padrão fônico lusitanizante?
Que não fora: que não seria; emprego arcaizante do mais-que-perfeito no lugar do futuro do pretérito.
alento: hálito, respiração.
Eterno: Deus.
"A tarde" pode ser dividido em cinco partes: 1. proposta de louvar, em poesia, a tarde; 2. (I) a tristeza da noite, a exagerada alegria da aurora e a perfeita integração de tristeza e alegria na tarde; 3. (II) elementos da natureza que compõem a paisagem da tarde; 4. (III) as diferentes visões que o homem pode ter da tarde: indiferença do citadino e prazer do que vive no campo, diante do pôr-do-sol; 5. (IV) sentimentos despertados pela tarde, no poeta: solidão, esperança de assistir ao entardecer em sua terra, antes de morrer. Tal como na "Canção do exílio", o saudosismo e a valorização da natureza nacional são características marcantes do poema. Observe, ainda, os versos decassílabos brancos, isto é, sem rima, que o poeta utilizou aqui, e bastante em sua obra.

O templo

> ...Jéhovah déploie autour de nos demeures
> Le linceul de la nuit, et la chaîne des heures
> Tombe anneau par anneau.
>
> TURQUETY

I

Estou só neste mudo santuário,
Eu só, com minha dor, com minhas penas!
E o pranto nos meus olhos represado,
Que nunca viu correr humana vista,
Livremente o derramo aos pés de Cristo,
Que tão bem suspirou, gemeu sozinho,
Que tão bem padeceu sem ter conforto,
Como eu padeço, e sofro, e gemo, e choro.

Remorso não me punge a consciência,
Vergonha não me tinge a cor do rosto,
Nem crimes perpetrei; — porque assim choro?
E direi eu por quê? — Antes meu berço,
Que vagidos de infante vividouro,
Os sons finais de um moribundo ouvisse!
Que esperanças que eu tinha tão formosas,
Que mimosos enlevos de ternura,
Não continha minha alma toda amores!
Esperanças e amor, que é feito delas?
Um dia me roubava uma esperança,
E sozinho, uma e uma, me deixaram.
Morreram todas, como folhas verdes
Que em princípios do inverno o vento arranca.

E o amor! — podia eu senti-lo ao menos;
Quando eu via a desdita de bem perto
Co'um sorriso infernal no rosto squálido,
Com fome e frio a tiritar demente,
Acenando-me infausta? — quando vinda
Minha hora já sentia, em que os meus lábios,
Tremendo de vergonha, soluçassem
Ao f'liz com que eu na rua deparasse,
De mãos erguidas: Meu Senhor, piedade!
Eis por que sofro assim, por que assim gemo,
Por que meu rosto pálido se encova,
Por que somente a dor me ri nos lábios,
Por que meu coração já todo é cinzas.

Menti, Senhor, menti! — porque te adoro.
No altar profano de beleza esquiva
Não queimo incenso vão; — tu só me ocupas
O coração, que eu fiz hóstia sagrada,

Apuro de elevados sentimentos,
Que o teu amor somente asilam, nutrem.
Quando ao sopé da cruz me chego aflito,
Sinto que o meu sofrer se vai minguando,
Sinto minha alma que de novo existe,
Sinto meu coração arder em chamas,
Arder meus lábios ao dizer teu nome.
Assim a cada aurora, a cada noite.
Virei consolações beber sedento
Aos pés do meu Senhor; — virei meu peito
Encher de religião, de amor, de fogo,
Que além de infindos céus minha alma exalte.

II

Quem me dera nas asas deste vento,
Que agora tão saudoso aqui murmura,
Agitando as cortinas, que me encobrem
Do teu rosto o fulgor, que me não cegue,
Subir além dos sóis, além das nuvens
Ao teu trono, ó meu Deus; ou quem me desse
Ser este incenso que se arroja em ondas
A subir, a crescer, em rolo, em fumo,
Até perder-se na amplidão dos ares!
Não qu'ria aqui viver! — Quando eu padeço,
Surdez fingida a minha voz responde;
Não tenho voz de amor, que me console,
Corre o meu pranto sobre terra ingrata,
E dor mortal meu coração fragoa.
Só tu, Senhor, só tu, no meu deserto
Escutas minha voz que te suplica;
Só tu nutres minha alma de esperança;
Só tu, ó meu Senhor, em mim derramas
Torrentes de harmonia, que me abrasam.

Qual órgão, que ressoa mavioso,
Quando segura mão lhe oprime as teclas,
Assim minha alma, quando a ti se achega,
Hinos de ardente amor disfere grata:
E, quando mais serena, inda conserva
Eflúvios desse canto, que me guia
No caminho da vida áspero e duro.
Assim por muito tempo reboando

Vão no recinto do sagrado templo
Sons, que o órgão soltou, que o ouvido escuta.

◆ ◆ ◆

Epígrafe: ...*Jeová desdobra ao redor de nossos lares*
O sudário da noite, e a cadeia das horas
Cai elo por elo.
TURQUETY

I

tão bem suspirou [...] tão bem padeceu: também suspirou [...] também padeceu.
perpetrei: cometi.
Que vagidos de infante: que choros de criança.
vividouro: vocábulo não encontrado. Criança de colo?
squálido: esquálido — descorado e fraco, macilento; a falta do 'e' indicia padrão fônico lusitanizante.
f'liz: feliz; padrão fônico lusitanizante?
sopé: pé.

II

qu'ria: queria; padrão fônico lusitanizante?
meu coração fragoa: amargura meu coração.
disfere: desfere — padrão fônico luzitanizante; faz vibrar as cordas (toca, como se fosse um instrumento).
Eflúvios: perfumes.

Te Deum

Nós, Senhor, nós te louvamos,
Nós, Senhor, te confessamos.

Senhor Deus Sabaot, três vezes santo,
Imenso é o poder, tua força imensa,
Teus prodígios sem conta; — e os céus e a terra
Teu ser e nome e glória preconizam.

E o arcanjo forte, e o serafim sem mancha,
E o coro dos profetas, e dos mártires

A turba eleita — a ti, Senhor, proclamam
Senhor Deus Sabaot, três vezes santo.

Na inocência do infante és tu quem falas;
A beleza, o pudor — és tu que as gravas
Nas faces da mulher, — és tu que ao velho
Prudência dás, — e o que verdade e força
Nos puros lábios, do que é justo, imprimes.

És tu quem dás rumor à quieta noite,
És tu quem dás frescor à mansa brisa,
Quem dás fulgor ao raio, asas ao vento,
Quem na voz do trovão longe rouquejas.

És tu que do oceano à fúria insana
Pões limites e cobro, — és tu que a terra
No seu voo equilibras, — quem dos astros
Governas a harmonia, como notas
Acordes, simultâneas, palpitando
Nas cordas d'Harpa do teu Rei Profeta,
Quando ele em teu louvor hinos soltava,
Qu'iam, cheios de amor, beijar teu sólio.

Santo! Santo! Santo! — teus prodígios
São grandes, como os astros, — são imensos,
Como areia delgada, em quadra estiva.

E o arcanjo forte, e o serafim sem mancha,
E o coro dos profetas, e dos mártires
A turba eleita — a ti, Senhor, proclamam,
Senhor Deus Sabaot, três vezes grande.

♦ ♦ ♦

TE DEUM: expressão latina que designa uma oração do ritual católico, cuja
tradução é: 'A ti, Deus'.

♦ ♦ ♦

Sabaot: qualificação de Jeová em hebreu, e que significa 'exércitos'. O 't'
indica a pronúncia aberta da vogal (ó); atualmente, grafa-se 'Sabaô' e
pronuncia-se fechado a vogal.
preconizam: pregam.
cobro: fim.
d'Harpa do teu Rei Profeta: da harpa do Rei Davi, autor de um livro bíblico
denominado *Salmos*.

Qu'iam: que iam; padrão fônico lusitanizante?

sólio: trono.

Santo! Santo! Santo!: frase inicial de uma oração integrante do ritual da missa.

Como área delgada, em quadra estiva: não conseguimos apreender o sentido do verso.

☙❧

Adeus

AOS MEUS AMIGOS DO MARANHÃO

Meus amigos, Adeus! Já no horizonte
O fulgor da manhã se empurpurece:
É puro e branco o céu, — as ondas mansas,
— Favorável a brisa; — irei de novo
Sorver o ar puríssimo das ondas,
E na vasta amplidão dos céus e mares
De vago imaginar embriagar-me!
Meus Amigos, Adeus! — Verei fulgindo
A lua em campo azul, e o sol no ocaso
Tingir de fogo a implacidez das águas;
Verei hórridas trevas lento e lento
Descerem, como um crepe funerário
Em negro esquife, onde repoisa a morte;
Verei a tempestade quando alarga
As negras asas de bulcões, e as vagas
Soberbas encastela, esporeando
O curto bojo de ligeiro barco,
Que geme, e ruge, e empina-se insofrido
Galgando os escarcéus, — bem larga esteira
De fósforo e de luz trás si deixando:
Generoso corcel, que sente as cruzes
Agudas de teimosos acicates
Lacerarem-lhe rábidas o ventre.

Inda uma vez, Adeus! Curtos instantes
De inefável prazer — horas bem curtas
De ventura e de paz fruí convosco:
Oásis que encontrei no meu deserto,
Tépido vale entre fragosas serras
Virente derramado, foi a quadra

Da minha vida, que passei convosco.
Aqui de quanto amei, do que hei sofrido,
De tudo quanto almejo, espero, ou temo
Deslembrado vivi! — Oh! quem me dera
Que entre vós outros me alvejasse a fronte,
E que eu morresse entre vós! Mas força oculta,
Irresistível, me persegue e impele.
Qual folha instável em ventoso estio
Do vento ao sopro a esvoaçar sem custo;
Assim vou eu sem tino, — aqui pegadas
Mal firmes assentando — além pedaços
De mim mesmo deixando. Na floresta
O lasso viandante extraviado
Por todo o verde bosque estende os olhos,
E cansado esmorece, cai, medita,
Respira mais de espaço, cobra alento,
E nas soidões de novo ei-lo se entranha.
Vestígios mal seguros sopra o vento,
Ou nivela-os a chuva, ou relva os cobre:
Talvez que folhas ásperas de arbusto
Mordam velos da túnica, e denotem
(Duvida o viajor, que os vê com pasmo)
Que errante caminheiro ali passasse.

E eu parti! — Não chorei, que do meu pranto
A larga fonte jaz de há muito exausta;
Há muito que os meus olhos não gotejam
O repassado fel d'acre amargura;
E o pranto no meu peito represado
Em cinza o coração me há convertido.
É assim que um vulcão se torna fonte
De linfa amargura e quente; e a fonte em ermo,
Onde não crescem perfumadas flores,
Nem tenras aves seus gorjeios soltam,
Nem triste viajor encontra abrigo.

Rasgado o coração de pena acerba,
Transido de aflições, cheio de mágoa,
Miserando parti! tal quando réprobo,
Adão, cobrindo os olhos co'as mãos ambas,
Em meio a sua dor só descobria
Do Arcanjo os candidíssimos vestidos,

E os lampejos da espada fulminante,
Que o Éden tão mimoso lhe vedava.
Porém quando algum dia o colorido
Das vivas ilusões, que inda conservo,
Sem força esmorecer, — e as tão viçosas
Esp'ranças, que eu educo, se afundarem
Em mar de desenganos; — a desgraça
Do naufrágio da vida há de arrojar-me
À praia tão querida, que ora deixo,
Tal parte o desterrado: um dia as vagas
Hão de os seus restos rejeitar na praia,
Donde tão novo se partira, e onde
Procura a cinza fria achar jazigo.

◆ ◆ ◆

empurpurece: torna-se da cor púrpura, isto é, vermelha. O verbo parece
não adequar-se ao verso seguinte, onde o poeta vai dizer que 'o céu é
puro e branco'. De qualquer forma, Aulete registra o verbo apenas no
sentido mencionado e o exemplifica exatamente com os dois primeiros
versos desse poema.

implacidez: intranquilidade.

crepe: véu.

bulcões: vulcões.

escarcéus: vagas que se formam quando o mar está revolto; vagalhões.

teimosos acicates: insistentes esporas.

Lacerarem-lhe rábidas o ventre: Ferirem raivosas o seu ventre.

Virente derramado: verdejante, cortados ou aparados os ramos.

O lasso viandante extraviado: O cansado viajante perdido.

cobra alento: adquire respiração.

Vestígios mal seguros sopra o vento: o vento apaga pegadas mal gravadas.

velos: fiapos de lã.

Transido: esmorecido.

réprobo: condenado.

Éden: Paraíso.

3ª estrofe, versos 3-8: referência ao *Gênesis,* 3: Adão foi expulso do paraíso
por ter comido, contra a ordem divina, o fruto da árvore do centro
do jardim. Então, Deus colocou nos jardins do Éden os querubins e
a chama da espada fulgurante para guardar o caminho da árvore da
vida. Gonçalves Dias, deixando o Maranhão, sente-se desgraçado e se
compara com Adão.

rejeitar: atirar.

Poema escrito por ocasião da partida do poeta, do Maranhão para o
Rio de Janeiro, em 1846, levando pronto o manuscrito de *Primeiros cantos,*
para tentar a publicação e um emprego.

Exercícios

1. Todas as afirmativas relacionadas ao indianismo de Gonçalves Dias em *Primeiros cantos,* são verdadeiras, exceto:

   a) Importação europeia, porém tendo adquirido novas conotações devido à proximidade de experiências.

   b) Visão idealizada do índio, modelando-o tal qual um cavaleiro medieval de uma Idade Média que não existiu aqui.

   c) Incorporação de vocábulos e ritmos de origem indígena nos poemas.

   d) Comparação entre os índios brasileiros e os negros do Congo, visando a valorizar os primeiros, devido ao nacionalismo.

2. Todas as afirmativas relacionadas à linguagem poética de Gonçalves Dias são falsas, exceto:

   a) Emprego de vocábulos arcaizados e lusitanizantes, em jogo com os temas.

   b) Cultivo do soneto e de décimas, em jogo intertextual com o barroco.

   c) Recursos de metalinguagem nos poemas indianistas, em jogo com Chateaubriand.

   d) Uniformidade na metrificação, em jogo com *Os Lusíadas* e outras epopeias.

3. Em todas as alternativas, a relação entre o poema e seu tema dominante está correta, exceto em:

   a) "O canto do guerreiro": o herói exalta sua força e valentia.

   b) "O soldado espanhol": o herói lamenta ter perdido a guerra.

   c) "O canto do Piaga": o herói prevê em sonho a colonização.

   d) "O canto do índio": o herói apaixona-se por uma branca.

4. A natureza como espelho divino está presente nos poemas a seguir, exceto em:

   a) "Canção do exílio"
   b) "O cometa"
   c) "O mar"
   d) "O romper d'alva"

5. A tematização do amor infeliz está presente nos poemas a seguir, exceto:

   a) "Adeus"
   b) "Recordação"
   c) "O Trovador"
   d) "O pirata"

6. No "Prólogo da primeira edição" de *Primeiros cantos,* Gonçalves Dias conceitua "poesia". Nessa conceituação, inclui-se:

   a) casar o pensamento com o sentimento.
   b) fundir o amor verdadeiro e a paixão fugaz.
   c) exaltar o índio e atacar o colonizador.
   d) elogiar o Bem e renegar o Mal.

7. Em 6 linhas, justifique o título "Poesias americanas", dado aos sete poemas da primeira parte de *Primeiros cantos.*

8. Em 10 linhas, escreva sobre a poetização da morte em *Primeiros cantos*, tomando como ponto de referência a seguinte estrofe do poema "Epicédio":

   Não choremos essa morte,
   Não choremos casos tais;
   Quando a terra perde um justo,
   Conta um anjo o céu de mais.

9. Relembre elementos dos poemas "Canção do exílio" e "A escrava", e estabeleça uma comparação entre o enfoque da terra natal nesses poemas. Tamanho da resposta: 6 linhas.

10. Em 10 linhas, escreva sobre a imagem da mulher em *Primeiros cantos,* tomando como ponto de referência a seguinte estrofe do poema "A leviana":

És pura, como uma estrela
    Doce e bela,
Que treme incerta no mar:
Mostras nos olhos tua alma
    Terna e calma,
Como a luz d'almo luar.

Tuas formas tão donosas,
    Tão airosas,
Formas da terra não são;
Pareces anjo formoso,
    Vaporoso,
Vindo da etérea mansão.

♦ ♦ ♦

Respostas:

1. d); 2. a); 3. b); 4. a); 5. a); 6. a).

Obras consultadas

Do autor

DIAS, Gonçalves. *Obras poéticas*. Organização, apuração do texto, cronologia e notas por Manuel Bandeira. São Paulo: Nacional, 1944. 2 v.

_____. *Obras póstumas*. Organização de Antônio Henriques Leal. 2. ed. Rio de Janeiro: B. L. Garnier, 1909. (Volumes: "Meditação", "O Brasil e a Oceania", "Poesias póstumas".)

_____. *Poesia*. Organização de Manuel Bandeira (com dados bioáficos, apresentação, julgamento crítico e questionário). Rio de Janeiro: Agir, 1958.

_____. *Poesia completa e prosa escolhida* (com estudos de Manuel Bandeira, Antônio Houaiss e Alexandre Herculano). Rio de Janeiro: José Aguilar, 1959.

_____. *Poesia e prosa completas*. Alexei Bueno (org.). 1. ed. Rio de Janeiro: Nova Aguilar, 1998.

_____. *Poesias*. Organização e revisão de Joaquim Norberto de Sousa e Silva (com estudo de J. C. Fernandes Pinheiro). 8. ed. Rio de Janeiro: B. L. Garnier, 1904.

Sobre o autor

GARCIA, Othon Moacyr. *Luz e fogo no lirismo de Gonçalves Dias*. Rio de Janeiro: São José, 1956.

MALARD, Letícia. A poesia de Gonçalves Dias. In: _____. *Escritos de literatura brasileira*. Belo Horizonte: Comunicação, 1981. p. 79-86.

MOISÉS, Massaud. Gonçalves Dias. In: _____. *História da literatura brasileira*. São Paulo: Cultrix - Universidade de São Paulo, 1984. p. 33-42. v. 2.

PEREIRA, Lúcia Miguel. *A vida de Gonçalves Dias: contendo o Diário inédito da viagem de Gonçalves Dias ao Rio Negro*. Rio de Janeiro: J. Olympio, 1943.

RICARDO, Cassiano. Gonçalves Dias e o indianismo. In: COUTI Afrânio (org.). *A literatura no Brasil*. Rio de Janeiro: J. Olympio – Universidade Federal Fluminense-UFF (EDUF), 1986. p. 70-138. v. 3.

Geral

AUGÉ, Claude *et* Paul. *Nouveau Petit Larousse*. Paris: L. Larousse, 1955.

AULETE, Caldas. *Dicionário contemporâneo da língua portuguesa*. Rio de Janeiro: Delta, 1958. 5 v.

CAMINHA, Pero Vaz de. Carta a D. Manuel. In: CINTRA, Assis. *Nossa primeira história*. Caieiras; São Paulo; Rio de Janeiro: C. Melhoramentos, 1922. p. 13-38.

CAMPOS, Geir. *Pequeno dicionário de arte poética*. Rio de Janeiro: Ed. de Ouro, 1965.

CANDIDO, Antonio. *Formação da literatura brasileira*. São Paulo: Martins, 1959. v. 2.

CARDOSO, Wilton. A língua literária. In: COUTINHO, Afrânio. (org.) A literatura no Brasil. Rio de Janeiro: J. Olympio – Universidade Federal Fluminense-UFF (EDUFF), 1986. p. 170-182. v. 1.

FERNANDES, Francisco. *Dicionário de verbos e regimes*. Rio de Janeiro; Porto Alegre; São Paulo: Globo, 1959.

FIGUEIREDO, Candido de. *Novo dicionário da língua portuguesa*. Lisboa; Rio de Janeiro: Bertrand; W.M. Jackson [1924]. v. 2.

HOLANDA, Aurélio Buarque de. *Novo dicionário da língua portuguesa*. Rio de Janeiro: Nova Fronteira, 1986.

LA BIBLE DE JÉRUSALEM. Paris: Desclée de Brouwer, 1955.

MACHADO, E. Pedro. *Dicionário etimológico da língua portuguesa*. Lisboa: Confluência, 1955. 2 v.

MALARD, Letícia. Perspectivas do romantismo brasileiro. In: _____. *Escritos de literatura brasileira*. Belo Horizonte: Comunicação, 1981. p. 71-78.

MENEZES, Raimundo de. *Dicionário literário brasileiro: ilustrado*. São Paulo: Saraiva, 1969. 5 v.

SODRÉ, Nelson Werneck. *História da literatura brasileira: seus fundamentos econômicos*. Rio de Janeiro: J. Olympio, 1960.

VERÍSSIMO, José. *História da Literatura Brasileira*. 3. ed. Rio de Janeiro: José Olympio, 1954.

Este livro foi composto com tipografia Minion Pro e
impresso em papel Off-White 70 g/m² na Gráfica Rede.